DÉCLARATIONS D'AMOUR À LA MER

Photographies : couverture : © pxhere ; p6 : © collection personnelle Antoine Grenapin ; p10 et 13 : © Dominique Abraham ; p14 et 18-19 : © Olivier Blanchet/DPPI ; p.16-17 : © Maxime Houyvet/DPPI ; p20 : © Benoît Stichelbaut/ DPPI ; p22 : © Isabelle Autissier/DPPI ; p23 : © Luttiau/PresseSports ; p24 : © Jean-Marie Liot/DPPI ; p27 : © Andrea Francolini/DPPI ; p28 et 31 : collection personnelle Ludivine Blanc ; p32 et 35 : © Patrick Forget/ Sagaphoto ; p36 : © Thierry Seray/DPPI ; p39 : collection personnelle Alex Caizergues ; p40 : © Bernard Le Bars/ Presse Sports ; p42 et 43 : © Maxime Mergalet/Charal Sailing Team ; p44-45 : Y.Riou/ polaRYSE/Gitana SA ; p46 : © Vincent Curutchet/DPPI ; p48 : collection personnelle Charles Caudrelier ; p50 et 53 : © collection personnelle Charles Cayeux ; p54 : © Bruno Charoy/PresseSports ; p57 : © Lablatiniere/PresseSports ; p58 : © Fred Tanneau/ AFP ; p60-61 : © Shutterstock ; p62 : © Olivier Roux ; p65 : © Philippe Vaures Santamaria ; p66 : © Christophe Favreau/DPPI ; p68-69 : © Shutterstock ; p70 : © Benoît Stichelbaut/DPPI ; p73 : Mark Lloyd/DPPI ; p74 : © Laurence Devillairs ; p77 : © Dominique Abraham ; p78 et 80 : © collection personnelle Boris Diaw ; p82 : © Franck Seguin/PresseSports ; p85 : © Murray Richards/IconSportsMedia/DPPI ; p86-87 : © Carlos Barroso/PresseSports ; p88 : © Gilles Mingasson/PresseSports ; p.90, 91 et 92-93 : © DR ; p94 : © DR ; p97 : © Erwan AMICE/LEMAR/ CNRS Images ; p98 : © SIPA-DPPI/DPPI ; p100 : © Arnaud Courrot/DPPI ; p101 : © Thierry Chesnot/SIPA-DPPI/DPPI ; p102 : © Pauce ; p104-105 : © Christophe Launay/DPPI ; p106-107 : © François Dourlen ; p108 : © Nicolas Pehe/DPPI ; p111 : © collection personnelle Gwénolé Gahinet ; p112 : © Frédérique Plas ; p115 : © Erwan AMICE/LEMAR/CNRS Images ; p116 : © Ian Dawson ; p118 : © Julien Fabro/Ponant ; p120 et 124-125 : © Philippe Matsas ; p122 et 123 : © Jean-Louis Guery/DPPI ; p126 : © DR ; p128 : © Quentin d'Orchymont ; p130 et 132 : © Solange GAUTIER/Gamma-Rapho via Getty Images ; p134 et 138-139 : © Dean Treml/Red Bull Content Pool ; p137 : © Samo Vidic/Red Bull Content Pool ; p140-145 : © Franck Seguin/PresseSports ; p146- 149 : collection personnelle Juan Kouyoumdjian ; p150-155 : © Titouan Lamazou ; p156 : © Axel Laurel/PresseSports ; p159 : © Marc de Tienda/DPPI ; p160-165 : © Greg Lecœur ; p166 : © Franck Seguin/PresseSports ; p169 : © Éric Chauche/PresseSports ; p170 : © Alexandra Alias/Marine Nationale/Défense ; p172 : © Audrey Agostinelli/Marine Nationale/Défense ; p173 : © Mélanie Denniel/Marine Nationale/Défense ; p174 et 177 : © Goledzinowski ; p178 : © Pierre Bourras ; p180 : © Bernard Le Bars/PresseSports ; p182 : © Pauce/PresseSports ; p184 : © Jean-Marie Liot/ DPPI ; p186 : © Christophe Launay/DPPI ; p188-189 : © Étienne Garnier/PresseSports ; p190-191 : © Jean-Louis Fel/PresseSports ; p192 : © Guillaume Fauveau ; p195 : © Egiategia ; p196 : © Rodolphe Marics ; p198 : © Armel Deniau/RNN Sept-Iles/LPO ; p200 et 202 : © Anne Quéméré ; p203 : © Ronan Quéméré ; p204-207 : © DR ; p208-215 : © V&F Sarano ; p216-221 : © Guirec Soudée Adventure ; p222 : © Jean-Marie Liot/DPPI ; p225 : © Niko De La Brosse ; p226 et 229 : © Benoît Stichelbaut/DPPI ; p228 : © collection personnelle Jean-Luc Van Den Heede ; p230 : © DR ; p233 : © Titouan Lamazou ; p234 et 237 : © Jean-Paul Fretillet ; p238 : © collection personnelle Jean-Marie Loison-Mochon ; p240 : © collection personnelle Antoine Grenapin.

34-36, rue La Pérouse, 75116 Paris
www.hugopublishing.fr

Collection Hugo Sport et ouvrage dirigés par Bertrand Pirel
Graphisme de couverture, maquette et mise en page : Rémi Pépin

Dépôt légal : novembre 2023
ISBN : 9782755671872
Imprimé par FINIDR (République tchèque) en octobre 2023

ANTOINE GRENAPIN

DÉCLARATIONS D'AMOUR À LA MER

Hugo Sport

Sommaire

- **Avant-propos :** « Le plus beau des royaumes » **(Antoine Grenapin)** 6
- **Dominique Abraham** (peintre) : « Les émotions sont aussi éphémères que les vagues » 10
- **Antoine Albeau** (véliplanchiste) : « Le bonheur d'avancer grâce au vent » 14
- **Isabelle Autissier** (navigatrice) : « L'impression d'être à l'aube du monde » 20
- **Charles Berling** (acteur) : « Un rapport très puissant, très charnel, sensuel » 24
- **Ludivine Blanc** (nageuse en eau froide) : « En mer, l'environnement est toujours différent » 28
- **Louis Bodin** (météorologiste) : « Être en harmonie avec la mer » 32
- **Alex Caizergues** (kitesurfeur) : « Le kite s'est imposé comme une évidence » 36
- **Franck Cammas** (skipper) : « Flirter en permanence avec les limites » 40
- **Charles Caudrelier** (skipper) : « Le plus agréable, en mer, c'est lorsqu'il n'y a plus de vent » 46
- **Charles Cayeux** (pêcheur) : « En mer australe, le spectacle du chaos » 50
- **Catherine Chabaud** (navigatrice, députée européenne) : « La mer, "ma petite mère" » 54
- **Serge Coatmeur** (gardien de phare) : « Ce corps avait une âme » 58
- **Christopher Coutanceau** (chef étoilé) : « L'enfance, la mer et ma bibliothèque olfactive » 62
- **François Damiens** (acteur) : « Naviguer, c'est redonner du sens au temps » 66
- **Michel Desjoyeaux** (skipper) : « Nous restons des étrangers sur l'océan » 70
- **Laurence Devillairs** (philosophe) : « Donner du bleu à la vie et poétiser l'ordinaire » 74
- **Boris Diaw** (ex-basketteur) : « Mon bateau est devenu ma maison » 78
- **Justine Dupont** (surfeuse) : « L'impression d'avoir surfé la vague parfaite » 82
- **Jean-Louis Étienne** (explorateur) : « La mer nous apaise du monde » 88
- **Agathe Euzen** (chercheuse) : « L'océan, un monde invisible d'une richesse extraordinaire » 94
- **Maud Fontenoy** (navigatrice) : « La mer nous force à être meilleurs » 98
- **François Gabart** (skipper) : « L'océan, l'idée d'une passion absolue et infinie » 102
- **Gwénolé Gahinet** (skipper) : « Déconnecter pour vivre éveillé » 108
- **Françoise Gaill** (biologiste) : « L'océan a la capacité de nous surprendre » 112
- **Étienne Garcia** (commandant du *Commandant-Charcot*) : « Aller plus loin, au-delà de l'horizon » 116
- **Aymeric Gibet** (capitaine du *Belem*) : « À bord du *Belem*, transmettre l'histoire » 120

- **Ganor Ginat** (commandant du *Marion-Dufresne*) : « Le *Marion-Dufresne*, un cordon ombilical » 126
- **Nicolas Hulot** (animateur et ancien ministre) : « L'océan, mon exutoire, mon antidote, ma bulle de rêve » 130
- **Gary Hunt** (plongeur) : « Plonger, une sensation de plénitude » 134
- **Arnaud Jerald** (apnéiste) : « En plongeant, je vis une autre vie » 140
- **Juan Kouyoumdjian** (architecte naval) : « Avec la voile, les bateaux, une histoire d'amour » 146
- **Titouan Lamazou** (skipper et peintre) : « Marin, on pactise avec la nature de l'océan » 150
- **Michel Larronde** (surfeur) : « Cultiver une relation puissante avec l'océan » 156
- **Greg Lecœur** (photographe) : « Sous l'eau, la puissance de la nature » 160
- **Bixente Lizarazu** (ex-footballeur) : « Le plaisir d'être en harmonie avec l'océan » 166
- **Sébastien Martinot** (ancien commandant du *Charles-de-Gaulle*) : « Derrière nos engagements, un attachement fusionnel avec la mer » 170
- **Molécule** (artiste) : « Je rêvais de mettre la tempête en musique » 174
- **Erik Orsenna** (écrivain) : « Le large, le miroir de nos rêves » 178
- **Loïck Peyron** (skipper) : « Il me faut de l'eau autour de moi » 182
- **Charline Picon** (véliplanchiste) : « L'océan me recharge » 186
- **Emmanuel Poirmeur** (viticulteur sous-marin) : « Avec le vin, l'océan crée une palette aromatique inédite » 192
- **Pascal Provost** (conservateur) : « La nature n'est pas rancunière » 196
- **Anne Quéméré** (exploratrice) : « En mer, se dépolluer du monde moderne » 200
- **Yann Quenet** (aventurier) : « Prendre une caisse en bois, un bout de tissu et partir à l'aventure sur les mers » 204
- **Véronique Sarano** (océanographe) : « Les cachalots nous ont acceptés » 208
- **Guirec Soudée** (skipper) : « J'aime simplement être coupé du monde » 216
- **Romain Troublé** (DG de la Fondation Tara Océan) : « En mer, les mains dans la science » 222
- **Jean-Luc Van Den Heede** (skipper) : « Un bateau, une roulotte sur la mer » 226
- **Laurent Voulzy** (chanteur) : « L'océan, le miroir où les pensées se rejoignent » 230
- **Tifenn Yvon** (ostréicultrice) : « Le bonheur est ici, les pieds sur terre » 234
- **Dernière escale :** « La mer m'est une frontière avec l'horizon » **(Jean-Marie Loison-Mochon)** 238
- **Remerciements** 240

À tous ceux que
la mer a emportés
et emporte encore.

Avant-propos

Le plus beau des royaumes

Fermez les yeux une poignée de secondes. Inspirez profondément. Ouvrez patiemment votre boîte à souvenirs de mer et d'océan, d'horizon iodé qui chatouille le ciel, de sable et de soleil. Il y aura d'abord une immensité, bleue, et une perspective qui se dessine au loin. Puis, attachez-vous au plus petit, à ces vaguelettes qui lèchent le sable, à ces vagues qui se fracassent contre les rochers. La mer et les océans ont ceci d'intriguant que le spectacle qu'ils offrent est renouvelé en permanence. Aucune vague ne se vaut, aucune n'a vraiment le même tempo ni la même ondulation... Le regard se perd alors à tenter de comprendre ce mouvement irréversible qui se moque bien des aléas et des émotions de ceux qui le contemplent.

La naissance d'un marin

Se plonger dans ces variations de bleu, c'est d'abord s'autoriser à entrevoir les souvenirs passés, nostalgie réconfortante d'instants estivaux et d'escapades au large. La mer se découvre toujours avec une forme d'hédonisme. On y joue, on s'y baigne, on y plonge, on y navigue, on y surfe… C'est un espace de liberté, un cadre réconfortant, une ode à la simplicité, une connexion retrouvée avec la nature et un peu d'insouciance en plus. Les îliens et les résidents de la côte sont silencieusement jalousés par tant de terriens. Eux se contentent d'attendre le temps autorisé, le week-end et les vacances pour en jouir à leur tour. L'auteur de ces lignes en fait partie, les vacances ayant le goût du sel qui reste sur la peau, des grains de sable qui s'infiltrent un peu partout, du soleil qui se joue de nos ombres et des marées qui éloignent puis ramènent la mer. Elle est devenue l'arrière-plan d'instants de famille, de partages amicaux, de moments de réflexion, de challenges sportifs animés, de chaudes étreintes, la raison d'être de tant de voyages, d'évasions et d'instants à part.

En grandissant, certains prennent la mer à bord de petites coques de noix alignées et guidées par un zodiac. Là, chacun découvre que les éléments sont interconnectés, qu'être sur l'eau n'est rien sans l'action du vent. La naissance d'un marin ne diffère pas vraiment de celle des autres hommes : il apprend à respecter un cadre, à composer avec, à en jouer parfois et à s'adapter toujours. Ceux qui prendront la mer, plus tard, qui s'attacheront à filer vers le large et ses contrées méconnues se sont nourris aussi des récits d'antan. L'imaginaire des femmes et des hommes de mer est peuplé d'histoires de pirates, d'explorateurs, d'aventuriers, de pêcheurs, d'intrépides, d'ingénus, d'audacieux.

Dans leur sillage est né le désir d'ailleurs

S'ils marquent tant notre imaginaire, c'est parce qu'ils s'aventurent là où l'homme n'a jamais vraiment été attendu. Il lui a fallu des siècles pour comprendre que notre planète était avant tout une immensité d'eau salée. Et pour l'explorer, il a d'abord dû réfléchir. Personne n'est invité au cœur des océans, là où la terre n'est plus. Ainsi, une réflexion a été nécessaire pour dessiner des embarcations, déterminer les bons matériaux, parvenir à trouver le design adéquat... Cette émulation a accompagné tant de téméraires pas forcément compris de leurs pairs. Des peuples s'en sont fait une spécialité et une renommée qui a traversé les siècles. Les Polynésiens, les Phéniciens, les Chinois et les Vikings s'y sont employés, construisant des embarcations pour aller au-delà de l'horizon visible depuis leur terre.

Dans leur sillage est né le désir d'ailleurs, l'idée que l'océan pouvait être le chemin menant à d'autres mondes, aspirations et façons de vivre. L'enjeu maritime est devenu stratégique, militaire, commercial, économique comme un prolongement logique aux envies de la terre. Longtemps, il n'a pas été question de profiter simplement de l'océan. Étaler sa serviette et faire trempette est une activité qui n'a pas plus d'un siècle. Cet aspect récréatif a suscité un désir qui n'a jamais été aussi partagé autour de la planète. Jamais autant de femmes et d'hommes n'ont eu envie de coloniser les plages, de s'installer sur le littoral et de profiter de ses bienfaits. Les dérives qui y sont liées sont apparues au fil de cette popularité inédite : tourisme de masse, bétonisation à outrance, détérioration de la biodiversité. Avec l'intensification du trafic maritime, l'exploitation des ressources marines, la pollution plastique et chimique, les océans sont en souffrance. À l'échelle des hommes, ils ont longtemps semblé trop grands pour être fragiles. Les maux s'aggravent pourtant : réchauffement de la température des eaux, acidification, érosion de la biodiversité marine, destruction des habitats…

Préserver la vie et le beau

La responsabilité est collective et dépasse la communauté scientifique et les arcanes politiques. Elle est entre les mains de chacun et ne peut céder au fatalisme et à la résignation. Les femmes et les hommes qui ont fait de la mer leur vie, leur passion, leur raison d'être le démontrent au quotidien. Pêcheurs, ostréiculteurs, membres de la marine marchande, skippers, surfeurs, plongeurs… Ils sont nombreux à constater au jour le jour l'impact de ces bouleversements sur l'océan et à lutter pour les amoindrir. Pourtant, leurs porte-voix, leurs ambassadeurs, leurs visages les plus iconiques – dont plusieurs témoignent dans cet ouvrage – sont unanimes pour porter un message d'enthousiasme et d'espoir. L'océan et la nature ont cette faculté incroyable à faire face, à s'adapter en permanence et à faire preuve d'une impressionnante résilience. À l'homme, par ses actes et ses choix, d'accompagner ce mouvement pour protéger ces joyaux naturels.

Agir, c'est sauver, préserver la vie donc, mais aussi le beau, cette incroyable beauté qui saisit lorsqu'on s'attarde un peu sur le rivage. Lorsqu'on met un masque pour explorer les fonds marins, qu'un poisson nous frôle, qu'une tortue remonte à la surface pour respirer. Lorsqu'une vague se forme et engendre suffisamment de puissance pour nous pousser et nous permettre de nous lever sur une planche. Lorsque le vent et la mer font marché commun pour le bon fonctionnement de notre bateau. Lorsque l'océan se déchaîne dans un chaos inouï. Lorsque le silence est d'or au large. Lorsque le soleil offre le plus beau des spectacles en se couchant et en se levant là-bas, vers cet horizon qui fascine depuis l'enfance.

Sur le pont d'un bateau, sur la planche d'un surf et dans l'eau, on accepte que la nature puisse être en contact direct avec son corps. On se laisse immerger au sens propre, changer d'univers et de temporalité à une vitesse éclair. Bienvenue dans un univers ouaté avec ses sons et ses décors, cette impression d'y avoir toujours été – lointain souvenir du placenta maternel – et la découverte de tout ce que la mer cache sous son aile : ses paysages, son monde de vivants, ses hiérarchies, ses jeux de pouvoir, sa grâce et son élégance. Cela méritait bien une déclaration d'amour et un peu plus encore…
Bonne lecture et bon vent.

Antoine Grenapin

DOMINIQUE **ABRAHAM**

« Les émotions sont aussi éphémères que les vagues »

Il s'évade à sa manière. Des balades au grand air le long des côtes de Belle-Île-en-Mer, des instantanés volés à l'océan, de subtiles variations de lumière sur les vagues et l'inspiration qui émerge. Dans son petit atelier où l'unique musique est celle des flots, Dominique Abraham, artiste-peintre, n'a qu'un seul sujet face à ses toiles : la mer et tout ce qu'elle charrie d'émotions, de subtilité, de grains et de chaleur. Fils d'un passionné de voile, frère du gardien du phare d'Ar-Men (Finistère) et écrivain à ses heures, Dominique dédie sa vie à représenter l'océan. Jamais abstrait, souvent figuratif, un brin minimaliste. Une douce obsession qu'il partage avec tous les visiteurs de passage, guidant les curieux dans les subtilités de ce spectacle aussi majestueux qu'éternel.

EN BREF

Né en 1946 à Hennebont (Morbihan)
1966 : Diplômé de l'école des Beaux-Arts de Quimper
1969 : S'installe à Paris
Décembre 1999 : Suite au drame de l'Erika, décide de ne peindre que la mer
Depuis 1999 : Installé dans un atelier à Belle-Île-en-Mer

« J'ai commencé à peindre la mer parce qu'elle me manquait. C'était à Paris, j'y suis resté trente ans, j'avais quitté la Bretagne où j'avais grandi, avec en tête les souvenirs du club de voile de Carnac qu'avait fondé mon père avec Éric Tabarly et Olivier de Kersauson. À l'époque, je louais une cave que j'avais transformée en atelier. Quand j'y descendais, je disais à ma femme : "Je vais à la mer", comme si j'allais à la plage. Là, je m'enfermais, je peignais, j'imaginais, je rêvais…

En décembre 1999 a eu lieu le drame de l'Erika. J'étais dans un état de colère indescriptible, une colère avec une grosse larme au fond du cœur. Pour un Breton qui a habité au bord de la mer, c'était insupportable. Je me sentais trahi, bafoué, anéanti. La mer, on est en connivence avec elle, ce n'est pas seulement une question de regard ou d'habitude. La polluer, l'attaquer, ça revient à nous polluer nous-même. J'ai signé des pétitions, participé à des manifestations mais ça ne suffisait pas. Qu'est-ce que je pouvais faire à mon échelle ? Et puis j'ai décidé de ne peindre que la mer. Je me suis installé à Belle-Île-en-Mer où je réside toujours et je peins la mer, tous les jours.

« À force de regarder les vagues, on finit par être leur complice »

C'est un sujet fabuleux parce qu'il permet d'exprimer tellement de choses. La sérénité, le calme et la quiétude quand les conditions sont clémentes. La tempête, la violence, le déchaînement quand l'océan est agité. On y trouve beaucoup d'échos à nos propres ressources, à ce que l'on est, à ce qu'on ressent. À Paris, je devais travailler à partir de photos. Désormais, c'est plus simple, je vois la mer tous les jours. Il me suffit de la regarder un certain temps pour ressentir des émotions, pour entrevoir des nuances. Un reflet, une ondulation ou une ombre sur une vague permettent de susciter l'inspiration.

Il n'y a rien de plus éphémère qu'une vague et pourtant, elle nous lie à l'éternité car l'homme les contemple depuis des siècles. Il s'agit d'un plaisir éternel, la certitude de ne jamais voir la même image, de n'y être jamais insensible. À force de regarder les vagues s'échouer sur la côte, on finit par être leur complice. Chaque variation correspond à une émotion, comme s'il y avait une adéquation sentimentale entre ce que l'on vit et ce que ce spectacle, baigné par le soleil ou balayé par la pluie, offre au quotidien.

Je peins une cinquantaine de toiles par an. Le plus souvent, ce sont de grandes toiles ; ce n'est pas possible de représenter la mer sur de petites toiles. Parfois, les gens me disent qu'elles sont trop grandes : ça les oblige à déplacer les meubles avant de l'installer et la toile, donc la mer, devient un élément majeur de leur environnement, comme si elle était essentielle.

J'aime beaucoup me promener le long des côtes, c'est là que des images rentrent, qu'elles impriment dans mon esprit. Ça me tarabuste toujours un peu et quand j'arrive à l'atelier, je les peins le plus souvent d'une traite. L'idée, c'est d'aller vite car les émotions sont aussi éphémères que les vagues. Les matériaux utilisés sont assez secondaires, je n'ai pas de préférence entre l'encre de chine et la couleur même si celle que je préfère reste le bleu. Je n'écoute pas de musique quand je peins ou plutôt une seule : celle de la mer. »

Valsée, encre de chine,
Dominique Abraham, 2020

FRA 192

ANTOINE **ALBEAU**

« Le bonheur d'avancer grâce au vent »

Une voile, une planche, un gaillard d'une centaine de kilos et une sacrée dose d'enthousiasme. Antoine Albeau s'est imposé comme la référence en planche à voile. Sportif français le plus titré de l'histoire (25 titres mondiaux), il détient de nombreux records dont celui de vitesse (53,27 nœuds, 98,66 km/h). Si le véliplanchiste a exercé sa passion aux quatre coins du monde, c'est sur les côtes de l'île de Ré qu'il trouve la quiétude, là où il a grandi, là où ses parents ont créé un club de plage en 1970, là où son père a fait partie des premiers à s'essayer à la planche à voile dans l'Hexagone. Désormais, Antoine Albeau y élève ses enfants. Il a le débit vif de ceux qui ont mille projets à la minute. Rapide sur sa planche, rapide avec les mots, il se fait aussi l'ambassadeur d'une certaine façon d'aborder l'existence, avec la côte pour cadre et le vent comme acteur principal.

EN BREF

Né le 17 juillet 1972 à La Rochelle

1990 : Premier de ses 12 titres de champion de France

2010 : Élu marin de l'année

2015 : Bat le record du monde de vitesse en planche à voile (53,27 nœuds, 98,66 km/h) en Namibie

2022 : Fin de sa participation au PWA World Tour, après 25 titres mondiaux

« Je n'ai jamais découvert la mer comme un citadin qui s'y rend la première fois. Elle était là quand je suis né, elle a toujours fait partie de ma vie. Mes parents étaient très axés sur la mer. Tous les week-ends, on prenait le bac entre La Rochelle et l'île de Ré. Ça a été l'histoire de mon enfance et de mon adolescence. Je garde le souvenir des températures de l'été, du sable chaud, du soleil qui brille et se reflète dans l'océan. Je sais que j'aurais du mal à être

ailleurs, que je ne peux pas rester en ville trop longtemps. Il faut que je sois au bord de l'eau pour ne pas avoir l'impression d'être enfermé, pour respirer aussi. Ce n'est pas un secret, l'air y est plus pur.

« Des paradis sur terre »

Mon lien avec la mer est différent de celui que peuvent avoir les skippers. Eux doivent aimer traverser les océans, tracer des routes entre deux points. En tant que véliplanchiste, on s'aventure rarement à plus de 5 km du large. J'ai eu l'occasion de faire des traversées, néanmoins. Lors de celle de la Manche, même si j'avais un bateau suiveur, j'ai été déconcerté de sentir que je perdais la notion de direction. Entre la Guadeloupe et la Martinique, je n'avais qu'un petit GPS sur une montre et c'est surprenant de se retrouver au large sans repère visuel. Sans le bateau de sécurité, ce n'est pas génial ! Au large, il y a un clapot croisé, des vagues plus creusées, c'est légèrement différent. Près des côtes, la mer est plutôt tolérante.

Mais le bonheur, à chaque fois, c'est la liberté d'avancer grâce à un élément naturel. Au final, tu peux faire 100 bornes en longeant les côtes. Et avec les foils que nous avons désormais, tout est plus simple, tu ne ressens plus le clapot et tout est plus doux. De ma planche, j'ai eu la chance de voir des endroits magnifiques, des paradis sur terre. Les Caraïbes, la Nouvelle-Calédonie, Tahiti…

Cette liberté immense et le plaisir qui va avec, je sais que je les transmets sans le vouloir à mes enfants. À l'île de Ré, ils ont l'habitude de se promener pieds nus, de passer par la plage pour aller à l'école. C'est un état d'esprit, comme les Tahitiens qui traversent le lagon tous les jours, ou les citadins qui traversent des parcs au quotidien. Partout dans le monde, on retrouve cette volonté partagée de faire corps avec les éléments, d'adopter simplement une vie en harmonie avec la nature. »

Antoine Albeau,
Coupe du monde 2014,
La Torche

ISABELLE **AUTISSIER**

« L'impression d'être à l'aube du monde »

Si sa voix porte et fait office de référence, elle est aussi douce et empathique. Isabelle Autissier, c'est une femme de passion, de conviction, de combats. Première à avoir bouclé un tour du monde à la voile (1991), elle a contribué à la création de la classe IMOCA et à l'essor de la course au large. Navigatrice hors pair en course et combattante incessante, elle a porté ses engagements pour la préservation des océans et de la biodiversité au sein des instances publiques, auprès du WWF et à travers nombre d'ouvrages. Ses romans et son quotidien témoignent d'un lien viscéral avec la mer. Intransigeante avec le bonheur d'être sur l'eau, elle met un point d'honneur, à chacune de ses navigations, à couper avec l'écume des hommes.

« Je suis une enfant de la banlieue parisienne. Mon rapport à la mer a débuté pendant nos vacances familiales, qu'on passait le plus souvent en Bretagne. Très tôt, j'ai été fascinée par ce milieu, l'océan, les bateaux... Quand on est enfant, on n'intellectualise pas, on ressent à partir de ce qu'on voit, de ce qu'on sent, de ce qu'on perçoit. Ce plaisir-là, je l'ai toujours en moi : c'est celui d'être simplement bien en mer, de m'y sentir comme chez moi. Je me disais déjà : "Plus tard, j'aurai un bateau, je ferai un métier qui sera lié à la mer." Au fil du temps, ce rapport s'est étoffé, il est devenu plus global, plus affectif, plus intellectuel aussi avec la navigation, l'étude des vents, de la météo, de la biologie. Ce sont des aspects complémentaires parce qu'ils tournent tous autour de l'océan.

Îles Kerguelen, 2000

« Je suis en mer et c'est ma priorité »

Je me suis construit un voilier, j'ai traversé l'Atlantique en équipage et pas mal bourlingué avant de faire de la compétition. Pour être meilleure que les autres, il fallait maîtriser la construction, les réglages, la météo… En course, je me souviens d'une forme d'excitation, voire d'ivresse, à disposer de bateaux qui vont très vite, à entendre le bruit dans le cockpit, à voir son voilier se cabrer sur les vagues. Après quinze ans de compétition, j'ai continué à naviguer, en croisière, mais sur un tout autre rythme. Aujourd'hui, ça fait dix-huit ans que j'ai le même bateau. Quand je pars naviguer, je l'écris dans mon agenda et je coupe, je ne regarde plus mes mails. Je ne suis à la disposition de personne, ce n'est pas un bureau. Je suis en mer et c'est ma priorité, je ne veux pas y déroger.

J'ai une appétence particulière et une fascination pour les mers froides. La lumière, très tangentielle, est extraordinaire sous ces hautes latitudes. Les icebergs sont dingues, à la fois par ce qu'ils montrent et par ce qu'ils représentent. Les albatros planent et se donnent sans battement d'ailes pendant des heures dans une esthétique incroyable. Ce qui m'intéresse, ce n'est pas le caractère hostile de ces zones-là. En revanche, quand on sait qu'il faut se préoccuper des faibles températures, du mauvais temps, de la présence des glaces, de l'absence d'hommes capables d'intervenir en cas de problème, ça offre un niveau de complexité qui est passionnant. Quand tout est facile – et ça m'arrive aussi de naviguer aux Antilles avec une bande de copains et une bouteille de rhum –, c'est moins mon truc !

« De toute façon, nous devons nous battre »

Récemment, j'ai navigué au nord-est du Groenland. J'ai été subjuguée par les montagnes glacées et escarpées, les îles qui tombent dans cette mer au milieu des icebergs, les baleines et les ours qu'on y croise. Tout y est très beau et donne cette impression unique de se trouver à l'aube du monde. Les mers froides sont aussi particulièrement exposées au réchauffement climatique et les scientifiques l'attestent. L'évolution est beaucoup plus rapide que dans les régions où la température est plus clémente. Les conséquences sont lourdes en matière de

Vendée Globe 1996

géographie – des îles qui étaient auparavant dans la glace apparaissent –, mais aussi pour la faune, la flore, les êtres humains qui y vivent.

On peut s'en inquiéter, au même titre que pour les canicules en France. Ce que les scientifiques du GIEC décrivent depuis 40 ans advient. Ils avaient tout écrit, expliqué la marche à suivre et ne s'étaient pas trompés. Désormais, nous sommes dos au mur et il y a de l'affolement à bord. C'est attristant, atterrant de se dire qu'on avait les moyens d'agir et qu'on ne les a pas suivis, à la fois pour la nature et pour nos sociétés qui en sont complètement déstabilisées. Être optimiste ou pessimiste, je ne me pose pas la question, ça n'a pas de sens. Mais tout n'est pas joué, il y a encore moyen de tempérer cette catastrophe. De toute façon, nous devons nous battre. C'est la seule solution, celle qui nous permet de tenir encore debout. »

EN BREF

Née le 18 octobre 1956 à Paris

1991 : Première femme à boucler le tour du monde en solitaire et par escale (BOC Challenge)

1994 : Record de New York-San Francisco en équipage

1995 : Élue « Marin de l'année »

2019 : Prix Femina pour *Oublier Klara* (Stock)

2020 : Commandeure de la Légion d'honneur

2021 : Présidente d'honneur du WWF France

NAÏADE
RESORTS
ILE MAURICE-SEYCHELLES-MALDIVES
TOUR DE FRANCE
A LA VOILE 2006

CHARLES **BERLING**

« Un rapport très puissant, très charnel, sensuel »

Depuis le milieu des années 1980, Charles Berling s'est imposé comme un visage incontournable du cinéma et du théâtre français. Il a tourné avec les plus grands, de Claude Sautet à Patrice Chéreau. Acteur, comédien, metteur en scène, Charles Berling est un artiste complet, un habitué des salles obscures et des applaudissements du public. Quand il quitte les plateaux et les théâtres, l'acteur aime retrouver la mer et l'océan, cet univers qu'il chérit tant. Il se replonge alors dans l'atmosphère de son enfance, cultive son désir du large et son rapport singulier avec la nature.

« Cette passion qui m'anime pour la mer et les océans remonte à mes plus jeunes années. Mon père était médecin de marine, j'ai vécu mon enfance puis mon adolescence au bord de l'eau, à Brest, à Toulon, à Tahiti puis de nouveau à Toulon. La France ayant un territoire maritime immense, j'ai eu la chance de fréquenter la Méditerranée, l'Atlantique, le Pacifique. J'ai été bien plus souvent en contact dans ma vie avec l'océan et la mer qu'avec la montagne. C'est ce contact extrêmement direct avec la nature qui me pousse à continuer de faire du bateau aujourd'hui. Je cultive cette passion depuis ma petite enfance et elle est toujours aussi prégnante près de 60 ans après.

« Dès que je vais quelque part, j'essaie de regarder la mer »

Quand on est souvent sur l'eau et dans l'eau, on entretient un rapport particulier avec la respiration. On a l'impression magique de voler, d'être libéré de l'apesanteur. Le lien au son et à l'espace est singulier. Il y a un rapport très puissant, très charnel, une grande sensualité aussi. Quand j'étais à Tahiti, on faisait de longs trajets dans le lagon en allant jusqu'à la barre des récifs coralliens. On sautait de rocher en rocher en étant porté par l'eau, les poissons étaient nombreux, le contact avec la faune et la flore était direct. Je me souviens d'un village sauvage et magnifique, Tautira, à la presqu'île sud-ouest de l'île. J'ai retrouvé cette impression de faire corps avec l'eau et la nature en Méditerranée, dans le parc national de Port-Cros, Porquerolles, le Levant, des îles absolument sublimes. Je pense aussi aux îles bretonnes, fantastiques, à une plongée en Mer Rouge… Dès que je vais quelque part, j'essaie évidemment de regarder la mer.

Dans ma vie, il m'est arrivé de ne plus voir la mer pendant presque un an. Je me demandais ce qui se passait, comme si quelque chose me manquait. C'était ça. Désormais, j'y retourne de temps en temps, je prends mon bateau pour partir et me retrouver. Quand on pratique la mer et l'océan, on sait qu'on ne domine pas la nature. On est tributaire de la météo, on doit composer avec les éléments, on est à l'affût. S'adapter aux conditions est essentiel, que ce soit dans leur violence ou dans leur sérénité. J'aurais rêvé faire un tour du monde. Mais le théâtre et le cinéma sont inconciliables avec le bateau ; ce n'est pas le même espace-temps. Il faudrait que j'arrête, que je pousse les murs pour partir longtemps. Je n'y arrive pas pour l'instant parce que je suis poussé par les alizés de l'art dramatique, qui sont aussi très puissants.

« Un chaos gigantesque que l'on essaie de cadrer »

Les liens entre cet univers et la mer sont très ténus. Adolescent, je faisais à la fois beaucoup de théâtre et de voile. Ce qui est commun aux deux activités, c'est le fait de travailler avec des forces qui nous submergent, peu descriptibles, qui sont passionnelles et profondément humaines. C'est un chaos gigantesque que l'on essaie de cadrer, d'apprivoiser en sachant pourtant que c'est perdu d'avance. On n'est jamais plus fort que la mer.
L'art dramatique nécessite aussi de travailler avec les émotions, les sentiments et donc avec un mouvement, du fluide. Quelque chose, en somme, qui n'est jamais stable. L'acteur et le metteur en scène doivent travailler avec un matériau qui ne cesse de bouger. Et c'est pareil avec la mer, ce mouvement ne s'arrête jamais. Il faut aimer être tout le temps en déplacement, être tout le temps hors de chez soi.

J'ai eu la chance de participer récemment à une expédition en Méditerranée pour étudier les cachalots. J'ai été touché par ces images de mammifères marins qui font appel à des souvenirs de sensations physiques, de ce que je ressens aussi quand je nage dans l'eau. Parfois, on peut rencontrer des animaux qui font peur, comme des requins ou des murènes. Néanmoins, en règle générale, l'univers marin semble paisible et dégage une impression de calme, même s'il est paradoxal. C'est ce qui frappe quand on nage, qu'on fait de la plongée sous-marine, tout comme la curiosité dont font preuve les animaux marins.
Ce qui est également stupéfiant, c'est de se rendre compte que les mers et les océans, qui recouvrent 70 % de notre planète, sont plongés dans la nuit et dans l'obscurité. Seule une partie infime de la Terre est éclairée par le soleil. Là encore, il y a un rapprochement avec le théâtre, la vie sans lumière, la vie éclairée artificiellement.

En revanche, je crois qu'on ne connaîtra jamais la mer uniquement par des images. Curieusement, je n'ai jamais vu un bon film qui se passe sur l'eau. C'est très difficile de rendre compte de cette sensation qui n'est pas seulement visuelle. C'est d'ailleurs le drame de l'océan et de la mer : si on ne les fréquente pas, on a du mal à les comprendre. Les terriens font preuve d'une attitude pas forcément méfiante, mais un peu lointaine, sans réussir à les capter vraiment. Les grands marins et les grands navigateurs n'ont pas la reconnaissance qu'ils méritent. Je suis toujours surpris de constater les difficultés qu'ils rencontrent à réunir des fonds pour aller en mer – et ce n'est pas nouveau, puisque Magellan y faisait déjà face. Pour en revenir aux images, elles ne peuvent être parlantes que si elles renvoient à une pratique physique. Et c'est un autre lien avec l'art dramatique : un acteur est plongé physiquement dans la fiction, comme un marin qui navigue au cœur de l'océan. »

EN BREF

Né le 30 avril 1958 à Saint-Mandé

1995 : Acteur dans *Nelly et Monsieur Arnaud* de Claude Sautet

1996 : Nomination au César du meilleur acteur pour son rôle dans *Ridicule* de Patrice Leconte

2004 : Narrateur du documentaire *La Marche de l'Empereur*

2009 : Interprète Robert Badinter dans deux téléfilms, *L'Abolition* et *L'Exécution*

2010 : Directeur du théâtre de Toulon avec son frère Philippe

2012 : Sortie d'un album de chansons, *Jeune chanteur*

LUDIVINE **BLANC**

« En mer, l'environnement est toujours différent »

Ludivine Blanc est une femme de challenges. Elle collectionne les titres en natation, en nage en eau libre, en sauvetage sportif et en ice swimming, de la nage dans de l'eau glacée où elle détient trois records inscrits au *Guinness Book*. En parallèle, celle qui a grandi à Argelès-sur-Mer et à Marseille a déjà traversé l'Espagne à vélo (1250 km, le Desertus Bikus), disputé le Half marathon des Sables (120 km)… En somme, Ludivine est une adepte du dépassement de soi, du goût de l'effort, surtout lorsqu'elle s'engage pour soutenir une association et une cause. Maître-nageur sauveteur, préparatrice physique et mentale, la jeune femme aux multiples casquettes est avant tout une sportive accomplie. Pourtant, elle ne cache ni ses peurs ni ses appréhensions, préférant les décrire et les comprendre pour mieux les affronter. Une leçon d'humilité et de résilience, source de tous ces défis.

« J'ai toujours eu peur des fonds marins. J'ai de l'appréhension à m'éloigner du bord, j'imagine des formes sombres qui peuvent passer sous moi, les poissons et les méduses aussi. Même les bouées me faisaient peur avec leurs chaînes qui disparaissent vers le fond… Pourtant, mes parents sont d'anciens nageurs. Mes familles maternelle et paternelle sont respectivement à Marseille et à Argelès-sur-Mer, donc j'ai de nombreux souvenirs à la plage, dans les vagues, les après-midi à jouer dans la mer. On a appris à nager comme ça : les bases qu'ils nous avaient inculquées en matière de sécurité, et le simple plaisir de s'amuser dans l'eau.

Je me suis lancée dans beaucoup d'activités différentes – judo, tennis, musique – avant de privilégier le sport que je préférais, la natation. Lorsque j'ai commencé mes études en STAPS, le Cercle des nageurs de Marseille a accepté que je m'y entraîne pour progresser sur les courtes distances (50 à 100 mètres). Je m'entraînais huit à dix fois par semaine ! Là-bas, il y a un bassin extérieur avec de l'eau salée et une plage privée accolée au bâtiment où on se rendait parfois. Après être partie à Montpellier, j'ai rencontré des nageurs en eau libre qui m'ont parlé de leur plaisir à sortir en mer. Je les ai accompagnés et progressivement, j'ai commencé à participer à des épreuves à leurs côtés.

« Réussir des défis que je ne pensais pas réalisables »

Avec ma peur des fonds marins, c'était compliqué : quand tous les concurrents frôlent les bouées pour perdre le moins de temps possible, moi je fais un détour pour les éviter ! Lorsque j'ai participé au Défi Monte-Cristo (6 km entre le château d'If et une plage du Prado à Marseille), il m'est arrivé d'être totalement isolée. J'ai fait une crise de panique ; j'avais peur des méduses, des bancs de poissons. Je me suis mise sur le dos pour respirer, tenter de me calmer et repartir.

Pourtant, j'aime le challenge, le dépassement de soi, le fait de réussir des défis que je ne pensais pas réalisables. J'ai franchi la frontière entre la France et l'Espagne à la nage – je tractais un paddle de sécurité qui pouvait me servir de repli au cas où –, nagé jusqu'au Frioul à Marseille et découvert l'ice swimming, des compétitions dans de l'eau à moins de 5 degrés. Lors d'un championnat du monde de cette discipline, j'étais terrorisée de ne pas voir plus loin que le bout de mes doigts. Heureusement, j'étais encore plus concentrée sur le fait d'être gelée que sur ma peur !

« La mer pardonne moins l'hiver »

Je nage toute l'année pour m'entraîner, et le plaisir est forcément différent. L'hiver, il est davantage chimique, avec les hormones et la chute d'adrénaline que l'on dégage dès qu'on sort de l'eau. Il y a aussi la fierté d'avoir passé une vingtaine de minutes dans l'eau froide, d'avoir maîtrisé le risque d'hypothermie et d'avoir profité de la mer et de la plage alors qu'il n'y a personne. La mer y est plus cassée et elle pardonne moins qu'en été où l'on peut davantage jouer avec. Avec les températures estivales, c'est plus vivant, plus bruyant, on doit faire attention aux pêcheurs. En parallèle, on est davantage dans le partage avec les autres et dans la découverte, puisque les sorties peuvent être plus longues.

Au fil de ces expériences et au contact des autres, j'ai appris progressivement à gérer mes peurs et à profiter de l'instant. Et puis je prends davantage de plaisir en mer. Il y a deux ans pourtant, je préférais l'eau chlorée : je n'aimais pas la sensation de la peau tirée quand on sort

de l'eau, le sable qui colle partout et la liberté angoissante de la mer. C'est le goût de la découverte qui m'a fait changer d'avis, le fait de découvrir des choses à chaque fois, de devoir m'adapter en permanence, ce qui n'est pas le cas dans un bassin. Même si on va nager au même endroit, les animaux ne seront pas les mêmes, l'environnement est toujours différent. J'arrive désormais à partager plus d'interactions avec les animaux marins.

EN BREF

Née le 10 février 1995 à Boulogne-Billancourt

2018 : Licence STAPS Entraînement sportif
2019 : Licence STAPS Management du sport
2021 : Record au Défi Monte-Carlo (6 km)
2021 : DU Préparation mentale accompagnement des sportifs blessés
2022 : Vice-championne du monde aux World Games
2022 : Rallye-raid en vélo de 1250 km (Desertus Bikus)
2023 : 3e record obtenu en ice swimming inscrit au *Guinness Book*, 3e titre de championne du monde

Avant ma première course en eau libre, à Port-La-Nouvelle, des nageurs m'ont emmenée à proximité des méduses. J'ai pu toucher leur "chapeau" (l'ombrelle). Même si je me suis fait piquer au visage par les filaments, j'ai pu me rendre compte qu'on ne craignait rien, qu'il fallait juste faire attention, exactement comme avec les poissons et l'ensemble de la biodiversité marine. L'été dernier, nous étions en bateau en Espagne avec des enfants. Des dauphins se sont approchés pour jouer avec les vagues du bateau. Les enfants voulaient jouer avec eux et sauter à l'eau mais j'ai tout de suite pensé : "il faut les laisser tranquilles". Sans mes expériences passées, sans ces multiples rencontres avec les animaux sauvages, je n'aurais jamais réagi de cette manière. »

LOUIS **BODIN**

« Être en harmonie avec la mer »

Il fait la pluie et le beau temps, en tout cas dans nos postes de radio et dans nos téléviseurs. Louis Bodin fait partie des visages connus des auditeurs de RTL et des téléspectateurs de TF1 depuis des années. Mais peu savent que son attrait pour l'océan, sa fascination pour le large et pour les femmes et les hommes de mer sont pour beaucoup dans sa vocation. Météorologue, c'était l'occasion de garder un pied en course au large en intégrant les équipes techniques comme routeur. Il l'a été l'année en or où Florence Arthaud a tout gagné et conquis les cœurs. Il l'a été auprès d'autres skippers et apprécie y revenir parfois le temps d'un convoyage, d'un départ de course ou d'une navigation. Louis Bodin raconte la mer et dévoile son regard passionné sur les océans.

« Mon père étant militaire, j'ai passé mon enfance à voyager au gré de ses mutations, surtout sur la côte. Nous avons habité à Châtelaillon-Plage, à Andernos-les-Bains... Très jeune, j'étais baigné dans le milieu naturel, la forêt et la mer. J'avais d'ailleurs la chance, lorsque j'étais à Andernos, que mon père m'emmène à l'école à bord d'un petit voilier. J'avais 7 ou 8 ans mais ça a contribué à ce que la mer fasse partie de mon environnement. En grandissant, le regard devient plus passionnel, l'imaginaire vagabonde. Adolescent, je m'évadais et je rêvais en lisant des récits d'hommes de mer comme Joshua Slocum. Ces lectures ont contribué à nourrir mon rêve d'approcher un jour ce milieu à part. Ensuite, j'ai suivi le parcours classique quand on veut faire de la voile (en dériveur et en régate).

« Avec Florence Arthaud, on était complètement fous »

Alors que je suivais un cursus scientifique, je cherchais une façon de pouvoir vivre autour de la mer, autour de cette passion. C'est ce que m'a permis la météorologie. J'ai passé le concours, intégré Météo France et j'ai eu envie de mettre mes compétences au service d'équipes de course au large, ce qui était assez rare à l'époque. J'ai d'abord intégré l'équipe de Paul Ayasse et son multicoque, Provence-Alpes-Côte d'Azur, qui a connu une succession d'avaries.

Ensuite, j'ai rejoint Florence Arthaud avec qui j'étais routeur dans le sillage de son record sur l'Atlantique (août 1990, 9 jours et 21 heures) et de sa victoire à la Route du Rhum (novembre 1990). J'ai ainsi eu la chance de naviguer sur quelques-uns des plus beaux bateaux au monde. On était complètement fous de traverser l'Atlantique sur des bateaux qui étaient conçus pour les bords de plage, qui étaient si toilés et finalement très peu marins, ce qui n'est plus vraiment le cas aujourd'hui.

« La nature nous résiste »

J'ai eu la chance de rencontrer Florence Arthaud, Loïck Peyron, Yves Parlier qui reste pour moi le meilleur marin, Laurent Bourgnon, Paul Vatine avec qui j'ai navigué très longtemps… Ce qui est passionnant en mer, c'est l'alliance entre la haute technologie et le besoin permanent de jouer avec la mer et les conditions pour trouver la trajectoire la plus optimale, la plus efficiente, la plus compétitive. Parfois on y arrive, parfois un peu moins, c'est le jeu de la compétition. Et on me sollicite toujours pour savoir quelles seront les conditions à venir…

Or, il y a quelque chose d'un peu prétentieux à être météorologue, à prévoir ce que sera la météo. Essayer de prévoir, c'est très ambitieux. On ne peut pas avoir d'idée précise de ce à quoi elle va ressembler au bout de 4 à 5 jours. La nature nous résiste : l'état de la mer, la météo, les vagues peuvent nous laisser passer ou non. L'objectif, c'est d'avoir une trajectoire harmonieuse et d'être en harmonie avec la mer, de se sentir intégré à cette nature.

« Un lien presque charnel avec la mer »

La mer enseigne nombre de valeurs qui ne sont plus vraiment une priorité, dont l'humilité. Sur l'eau, on doit laisser tomber les apparats, on ne fait pas le malin ! Si les navigateurs ont un rapport particulier aux autres, c'est parce qu'on sent qu'avec ces gens-là, on se doit d'être vrai. Les marins sont sobres, ne s'encombrent pas de palabres inutiles, ils vont droit au but, à l'émotion, à la performance, à l'explication. En mer, sans travail, sans respect, sans valeurs, ça finira mal. Il faut à la fois un engagement fort, ne pas tricher et faire preuve de respect, de passion. On découvre alors un lien presque charnel avec la mer. Pratiquant parfois le surf, j'ai beaucoup de plaisir à être confronté à ce brassage des vagues, à retrouver l'élément liquide dont on vient, cet élément qui nous protège et compose 70 % de la surface sur laquelle nous vivons.

Prince Christian Sund,
Groenland, 2016

Les océans sont aussi un formidable terrain de jeu. On est tous curieux de savoir ce qu'il y a derrière l'horizon même si cela peut paraître futile de traverser la terre pour ne rien voir. Bernard Tapie, dont les propos n'étaient pas tous excessifs, avait confié "ne plus être le même homme" après sa traversée à bord de *Club Méditerranée*. Et c'est vrai : l'histoire maritime nous démontre à quel point le fait de naviguer change un homme ou une femme. On redécouvre l'horizon de la terre, on perçoit le monde différemment, on confronte l'imaginaire à la réalité aussi. C'est ce qui nous lie, ce qui nous pousse à vouloir préserver l'océan, préserver l'humanité en ayant bien conscience que la nature n'a pas de frontière. Chaque goutte d'eau est un bien collectif, elle nous appartient. Cette prise de conscience, qui doit être globale, la mer s'attache à nous la rappeler constamment. »

EN BREF

Né le 29 décembre 1957 à Reims

1983 : Début comme technicien météo

1990 : Routeur de Florence Arthaud, victorieuse de la Route du Rhum

1994 : Présentateur de *La météo du large* sur LCI

Depuis 2002 : Chef du service météo de RTL

Depuis 2010 : Présentateur des bulletins météo de TF1

ALEX **CAIZERGUES**

« Le kite s'est imposé comme une évidence »

Le kite-surf a sa Mecque, Port-Saint-Louis-du-Rhône, un petit village au bout de la Camargue qui regarde fièrement la Méditerranée chatouiller ses rivages. Si les kitesurfeurs peuvent tous le situer sur une carte, c'est grâce à Alex Caizergues. Ses parents étaient amateurs de planche à voile, lui est devenu un des incontournables du kite-surf. Plus simple, plus rapide, plus riche en émotions, plus addictif aussi. Quadruple champion du monde, il est aussi devenu le premier homme à avoir franchi la barre des 100 km/h sur un kite-surf, en Namibie en 2010. Au-delà des titres et des honneurs, c'est une passion qu'il transforme en art de vivre et s'évertue à partager avec ses amis, sa famille et ses enfants. Les pieds dans le sable, les cheveux au vent et le sourire aux lèvres.

« La mer, je suis tombé dedans tout petit. Mes parents étaient dentistes et ils ont décidé de s'installer à Port-Saint-Louis-du-Rhône, à l'embouchure du Rhône. C'est là, entre la baie de Carteau, la plage Napoléon et la pointe de la Gracieuse, qu'ils ont fondé une famille. On partait en vacances en camion, faire du camping sauvage en Sardaigne, en Espagne, au Maroc. Mes parents étaient des mordus de planche à voile. Avec mes deux frères, nous passions tout notre temps libre sur la plage. En fait, on a grandi à la plage.

J'avais deux ans et demi quand ils m'ont mis sur une planche à voile pour la première fois. Je portais des brassards et j'essayais tant bien que mal de remonter la voile. Puis les sports de glisse ont rythmé notre enfance : planche à voile, wakeboard, plongée sous-marine, chasse sous-marine, pêche à la ligne... On a testé tout ce qu'on peut imaginer sur et sous l'eau ! Il reste des souvenirs plein la tête, des sensations aussi et des odeurs parfois. Ce sont celles des plantes et des fleurs sauvages qui poussent dans les dunes, des senteurs que l'on retrouve souvent sur les plages de Sardaigne et de Corse notamment.

« Comme une sensation de manque à combler »

Quand le kite est arrivé, ça a été une révélation. Très vite, je n'ai eu envie de rien d'autre... Heureusement que je l'ai testé deux mois après la fin de mes études de commerce et marketing à Marseille. Sinon, j'aurais été beaucoup moins sérieux ! Je n'avais jamais connu un sport qui pouvait procurer autant de sensations, aussi rapidement, aussi facilement. La planche à voile, c'est toujours complexe : le matériel est assez encombrant, la logistique peut être fastidieuse, les réglages sont difficiles et le sport en lui-même est très physique. Il faut un sacré niveau de maîtrise pour se faire plaisir en saut et en vitesse. En kite, c'est l'inverse. Il y a très peu de matériel, quasiment pas de réglages. En une poignée d'heures de pratique, après avoir intégré les rudiments de la sécurité, la progression est exponentielle. Rapidement, j'ai pu faire des sauts de 3 à 4 mètres de haut, ce dont je n'aurais jamais rêvé en planche à voile. À chaque session, tu as la sensation d'être deux fois plus talentueux qu'à la précédente.

Le kite s'est imposé comme une évidence dans ma vie. Ma chance, c'était d'avoir un travail qui me permettait de beaucoup naviguer avant que j'enchaîne les compétitions et que ça devienne mon métier. C'est une véritable addiction. Il m'est souvent arrivé le matin de voir que les arbres bougeaient, que les conditions étaient parfaites pour une session et de filer à la plage sans même prendre le temps de finir mon café ! Je ressens comme une sensation de manque à combler, un besoin que je dois assouvir rapidement sinon je déprime et je ne me sens pas très bien !

« Les petits bonheurs des sessions à la maison »

Forcément, il y a des sessions qui marquent. En Méditerranée, on assiste rarement à des renverses de vent, un phénomène météo où le vent tourne à 180° et se retrouve totalement opposé aux vagues. Les vagues sont rangées, propres et parfaites, ce qui décuple la sensation de plaisir ! C'est comme un alignement des planètes, la garantie que tout est réuni pour profiter de conditions optimales. Dans mes souvenirs, il y a aussi cette session au Cap Vert, sur l'île de Sal. Cela faisait un mois que j'étais sur place avec des amis locaux. Et là, il y a eu la session de vagues de la décennie, celles qui n'arrivent qu'une fois tous les dix ans. Elles cumulaient à 8 mètres ! Des vagues énormes, des conditions idéales et la sensation d'être privilégié de vivre ça.

Plage des Lecques
(Gard), été 1982

Je me souviens aussi d'un championnat du monde de vitesse chez moi à Port-Saint-Louis-du-Rhône, en 2009. Je crois qu'il n'y a jamais eu autant de vent pour une compétition : on avait des rafales à plus de 60 nœuds ! Je m'étais énormément préparé pour cette compétition, j'avais le matériel parfait et surtout tous les amis qui étaient là pour m'encourager. J'ai eu la chance de beaucoup voyager et de naviguer partout dans le monde. Mais ce qui reste gravé dans la mémoire, ce sont les sessions "à la maison", parce que la présence de la famille et des proches leur donne une saveur particulière.

EN BREF

Né le 14 mars 1979 à Marseille

2007 : 1er titre de champion du monde de vitesse

2008 et 2010 : Records du monde de vitesse absolue

2009 : 3e titre consécutif de champion du monde de vitesse

2017 : 4e titre de champion du monde de vitesse

2007, 2009, 2013, 2017 : Recordman du monde de vitesse en kitesurf

Au fil des années, la passion est toujours intacte. Je suis juste devenu plus sélectif dans le choix de mes sessions afin de pouvoir les concilier avec ma vie personnelle et professionnelle. Ce qui guide mes choix, c'est la nécessité de prendre le maximum de plaisir, de tirer la quintessence de mes sessions. Cette recherche-là est toujours aussi enrichissante, d'autant qu'elle s'inscrit dans le bonheur du partage et de la transmission. C'est ce que notre père nous a inculqué et c'est ce que j'essaie de faire avec les enfants de ma femme et ma petite fille. Ce n'est pas pour qu'ils fassent de la compétition à tout prix, mais surtout pour qu'ils découvrent ce plaisir incommensurable d'être en communion avec l'élément marin. »

FRANCK **CAMMAS**

« Flirter en permanence avec les limites »

S'il a passé son adolescence au pied de la montagne Sainte-Victoire, à l'est d'Aix-en-Provence, Franck Cammas s'est vite tourné vers la mer. La figure d'Éric Tabarly et les lectures ont aiguisé son appétit de large avant de plonger dans le grand bain des plus prestigieuses compétitions. Vainqueur de la Solitaire du Figaro, il émerveille à bord de *Groupama 3* – sans nul doute l'un des maxi-trimarans les plus performants de l'histoire –, obtient le record du tour du monde en équipage (2010) avant de s'imposer la même année, en solitaire, sur la Route du Rhum. Également lauréat de la Volvo Ocean Race, Franck Cammas aime plus que tout contribuer à l'émergence d'une équipe, façonner un bateau pour en tirer le meilleur et repousser toujours un peu plus les limites du possible. Compétiteur jusqu'au bout des ongles, coéquipier modèle, il raconte – avec humilité – cette soif intarissable de vitesse et d'exploits.

« Dans la voile, lorsque tu es en course, tu ressens un plaisir que l'on retrouve dans tous les sports : celui de progresser, d'atteindre tes limites, de réaliser une performance. Mais dans le milieu de la mer, les sensations que tu peux avoir quand tu es sur l'eau et que tu quittes la côte sont totalement différentes, complètement neuves. Il n'y a que sur la mer et peut-être sur d'autres planètes que l'on peut ressentir ça ! La voile, c'est de la technologie, de l'innovation, de l'aventure et un engagement dans ce grand espace qu'est l'océan. Ce n'est pas forcément naturel pour les hommes de s'y confronter. C'est engagé, risqué, soumis à de nombreuses contraintes. Tu ne contrôles pas tout évidemment, tu dois t'adapter très souvent mais c'est la définition même de l'aventure.

« La violence ressentie est de plus en plus forte »

J'aime beaucoup partir quelques jours en mer, m'écarter de la terre, me retrouver sur cette surface liquide, glisser sur l'eau, sentir les effets du vent et toutes les sensations qui vont avec. Ce qui fait la différence entre la voile et d'autres sports, c'est le fait de devoir s'incorporer dans un monde nouveau et d'essayer progressivement d'atteindre une forme de symbiose avec cet environnement.

En mer, on a toujours cette impression d'apprendre quelque chose. Et comme pour un sportif de haut niveau, les sensations s'affinent avec le temps. L'expérience permet de gagner en réactivité et d'avoir les réactions les plus appropriées face à certaines situations. La plus grande difficulté,

À bord de *Charal*, au large de la Bretagne, avril 2023

c'est de conserver la même envie de se faire mal pour exploiter au mieux le bateau et être le plus réactif possible. Ça demande une attention et une concentration de chaque instant.

Quelques fois dans l'année, on se retrouve dans des conditions particulièrement difficiles. On peut être surpris par la violence des éléments, surtout quand ça dure des journées entières puisque ça se répercute forcément sur les bateaux. Comme ils vont de plus en plus vite, la violence ressentie est de plus en plus forte à bord. Tu ne peux rien contre cette violence et elle est même nécessaire si tu veux aller vite en compétition. De nombreuses personnes opposent

À bord de *Charal*,
au large de la Bretagne,
avril 2023

la performance et l'aventure. Or, plus on est compétitif, plus on bataille pour la victoire et plus on flirte en permanence avec les limites du bateau. Et l'aventure n'en est que plus difficile.

« Se challenger est assez addictif »

J'apprécie beaucoup la dimension de transmission dans les teams où je travaille. Quand tu sens que ton interlocuteur est animé par la même envie, la même exigence et qu'il se donne tous les moyens possibles pour y arriver, cela décuple encore ton envie de l'aider. J'aime aider, d'autant plus que la course au large implique un partage, un travail d'équipe, de l'entraide, de la solidarité. Chacun a un rôle essentiel à jouer. S'entraider au sein d'une équipe permet simplement de mieux travailler, de fédérer un collectif. Aider un collègue à réussir la tâche qui lui est assignée, cela bénéficie à tous, et à moi le premier. C'est la multiplicité des échanges qui permet de mieux comprendre chaque aspect d'un projet et qui participe *in fine* à sa réussite.

Se challenger est également assez addictif. Comme dans l'univers de la montagne, on cherche toujours à aller plus loin et à repousser ses limites, revenir, tenter à nouveau et le tout dans un environnement à risque. C'est un compromis qu'on doit faire en permanence.
Il peut y avoir de la fierté à performer, mais de la fierté pour soi-même. On ne peut pas faire ça pour que les autres soient fiers de nous ou pour une quelconque reconnaissance sociale. Quand tu réussis les objectifs que tu t'es fixés, c'est la reconnaissance envers soi-même qui compte, celle qui t'aide à continuer en cas d'échec, celle qui te permet d'avancer, celle qui contribue à te fixer de nouveaux challenges. »

EN BREF

Né le 22 décembre 1972 à Aix-en-Provence
1997 : Vainqueur de la Solitaire du Figaro
2010 : Détenteur du Trophée Jules-Verne (tour du monde en équipage en 48 jours, 7 heures)
2010 : Vainqueur de la Route du Rhum
2011-2012 : Vainqueur de la Volvo Ocean Race
2020 : Élu « Marin de la décennie »
2021 : 4e victoire sur la Transat Jacques-Vabre

EDMOND
DE ROTHSCHILD
GITANA 17

Charles Caudrelier
avant sa victoire sur
la Route du Rhum 2022

CHARLES **CAUDRELIER**

« Le plus agréable, en mer, c'est lorsqu'il n'y a plus de vent »

Charles Caudrelier, c'est l'alliage des contrastes. Une carrure de rugbyman et une douceur dans le regard et dans les mots. Un rêve de briller en solitaire et une carrière qui s'est dessinée d'abord en équipage, au fil de ses deux Volvo Ocean Race qu'il a offertes à la France. Un des meilleurs skippers français du moment, officier de marine marchande avant de devenir un habitué des courses, désormais à la barre de l'Ultime le plus redoutable, le *Maxi Edmond de Rothschild*. Un marin qui a attendu d'approcher la cinquantaine et une Route du Rhum menée de bout en bout pour faire l'unanimité auprès du grand public. Charles est une personnalité à multiples facettes, père comblé, compétiteur acharné, toujours vrai et sincère. Il ne rechigne jamais à évoquer son mal de mer, ses difficultés tenaces à s'alimenter à bord en course, ni ce bonheur incommensurable d'être en mer… quand il n'y a plus de vent.

EN BREF

Né à Paris le 26 février 1974

2004 : Vainqueur de la Solitaire du Figaro (*Bostik Findley*)
2011-2012 : Vainqueur de la Volvo Ocean Race (*Groupama 4*)
2017-2019 : Vainqueur de la Volvo Ocean Race (*Dongfeng Race Team*)
2021 : Vainqueur de la Transat Jacques-Vabre (*Maxi Edmond de Rothschild*)
2022 : Vainqueur de la Route du Rhum (*Maxi Edmond de Rothschild*)

« Le plaisir de faire de la course au large, c'est la capacité de jouer avec les éléments sur des machines à voile, de les adapter, d'en tirer le meilleur. C'est un point de vue très pragmatique, j'en suis conscient. J'ai toujours aimé les bateaux presque autant que la mer. Et si ce n'est pas un bon bateau, je ne prends pas vraiment de plaisir. Je déteste les bateaux qui n'avancent pas, qui bougent dans tous les sens. Et ce n'est pas en course que l'on profite vraiment ! Il y a certes des phases agréables, mais la compétition prime toujours, tu t'attaches en permanence à adapter ton bateau sans vraiment te focaliser sur la beauté de ce qui t'entoure. Les éléments naturels servent avant tout à faire avancer le bateau. Forcément, quand il y a une grosse tempête, une houle formée, tu prends conscience de la puissance des éléments. Lorsque les conditions sont plus clémentes, que la mer est plate, que la houle est bien orientée, alors là, oui, beaucoup de marins deviennent contemplatifs !

« Les paysages entre terre et mer, un aspect poétique »

Le rapport que j'ai avec la mer est très différent en dehors des courses. C'est quelque chose qui remonte à mon plus jeune âge. J'ai tant de souvenirs à proximité de l'eau sur la plage, en planche à voile, à la pêche avec mon grand-père… C'est l'histoire de mon enfance, dans la baie de Port-La-Forêt. Mes parents habitaient en face de la ligne de départ de tous les entraînements de course au large. C'était mon jardin et ça reste un de mes endroits préférés au monde. Il s'agit d'une baie fermée et mon enfance, mes activités auraient été différentes si nous avions été à proximité de la plage de la Torche, qui est davantage un spot de surf.

Souvenirs d'enfance baignés dans les embruns

J'aime surtout la rencontre entre la terre et la mer, l'eau qui balaie les côtes, le décor formé par les deux… Il y a un aspect presque poétique qui pousse à être détendu, apaisé. À l'origine, je voulais faire carrière dans la marine marchande – la course au large n'était pas très développée et ne permettait pas vraiment d'en vivre – et je me disais qu'au moins, j'aurais un rapport à la mer. Mais j'aurais été malheureux : les cargos n'ont pas de contact avec les éléments, ce sont des bateaux trop gros où on ne ressent pas les vagues et les embruns…

« Je n'étais pas forcément fait pour être marin »

Ce que j'apprécie le plus, ce sont surtout ces moments de croisière très calme… Certes, il y a les levers et les couchers de soleil mais j'ai aussi de nombreux souvenirs dans ma région, autour des Glénan notamment, où j'aime tant me balader. Le plus agréable, c'est lorsqu'il n'y a plus de vent, que l'ambiance est le plus calme possible. C'est très rare en mer qu'il n'y ait ni la brise, ni le clapotis de l'eau, ni les chocs sur la coque. Le bruit permanent engendré par le vent finit par tuer tous les autres bruits, ceux des animaux, ceux de l'effet de la mer.

Charles Caudrelier en pleine préparation de la Route du Rhum 2022

S'il est rare, le calme en mer est d'autant plus agréable. J'adorais passer du temps en forêt quand j'étais jeune et c'est la même sensation : tu te laisses happer par un environnement sonore, tu t'émerveilles de ce qu'il y a autour de toi.... Je n'étais pas forcément fait pour être marin : j'ai le mal de mer, je n'aime pas quand ça bouge et j'aime le calme plat ! Être dans du petit temps, avoir la sensation d'être sur l'eau plate, c'est mon moment préféré en course. Je me souviens de skippers qui râlaient parce qu'ils devaient traverser des zones de pétole (*sans vent*)... Il n'y avait que moi qui n'étais pas contre ! »

SAINT JAMES

CHARLES **CAYEUX**

« En mer australe, le spectacle du chaos »

Il vit coupé du monde dans le vacarme des mers australes. Charles Cayeux est marin pêcheur. C'est sa passion, son rythme de vie et son équilibre aussi : six mois par an (trois mois en mer, trois mois à terre), il dirige une vingtaine d'hommes sur ce terrain hostile, là où les bateaux sont aussi rares que les moments d'accalmie. Avec son équipage, il pêche la légine, un poisson noble prisé par les marchés asiatiques, à l'aide d'une technique ancestrale et respectueuse de la biodiversité. Surtout, la pêche s'y apparente à un « jeu » avec les résidents de là-bas, les orques et les cachalots qui déploient des trésors d'ingéniosité pour se montrer plus malins que les pêcheurs. Charles Cayeux ne raconte pas seulement l'éloignement du tumulte des hommes mais aussi un rapport hommes-animaux détonnant et singulier au cœur d'un no man's land tempétueux et iodé.

EN BREF

Né le 11 juin 1984 à Sainte-Adresse (Seine-Maritime)
2001 : Premier embarquement comme novice à bord du chalutier *Francelia* au Havre
2015 : Arrivée aux Kerguelen à bord du *Marion-Dufresne*
2016 : Première pêche à la légine
2017 : Capitaine en second du *Cap Kersaint*

« La navigation est une affaire de famille : mon père était dans la marine marchande et a exercé le métier de pilote au port du Havre, mon petit frère est pilote en Seine, mon cousin est capitaine… J'ai eu une expérience au commerce sur des porte-conteneurs mais ça ne m'a pas vraiment plu, j'avais l'impression de participer à une économie de marché avec laquelle je me sentais en décalage. Moi, ce que j'aime, et depuis tout petit, c'est la pêche, la proximité avec la nature, et ça fait partie de ce que je suis.

« Personne ne peut s'habituer à de telles conditions »

Je n'ai jamais voulu faire autre chose. Ça fait plus de vingt ans désormais que je navigue et presque une dizaine d'années que je me rends aux Kerguelen. Je pars à chaque fois pour trois mois en mer, puis trois mois à terre et ainsi de suite. À bord, c'est sans confort, sans beaucoup de connexion, sans tous les réseaux qui nous bouffent la vie... Les premiers jours, il y a un petit manque mais on se rend vite compte à quel point ça fait du bien. C'est si rare désormais de pouvoir vivre hors connexion pendant trente jours ! Mes potes ont du mal à comprendre pourquoi je fais le choix d'aller là-bas. À ces latitudes, ce ne sont pas les Seychelles !

Rien n'y est simple, les dépressions virulentes s'enchaînent, on en subit parfois trois dans la même journée. Il nous arrive souvent d'évoluer avec des pointes à 70 nœuds (126 km/h) ! Ça met les organismes dans un état de stress intense parce que le danger est réel et que les moyens de secours, s'il faut intervenir, sont très loin. Parfois, nous constatons des chutes de pression spectaculaires : l'aiguille du barographe (qui enregistre la pression atmosphérique) est au plus bas. Personne ne peut s'habituer à de telles conditions mais on finit par s'adapter – pas le choix ! Les marins du Vendée Globe traversent les mers australes tous les quatre ans. Nous, on y retourne tous les trois mois !

« Une démarche qui me plaît, une pêche propre »

Et pourtant, il y a dans le chaos et dans le déchaînement des tempêtes un spectacle incroyable. Sur la passerelle, j'ai une vision à 360° de ces déferlantes d'une quinzaine de mètres, du bruit que ça engendre, du souffle du vent dans les antennes. Les fortes dépressions sont de plus en plus nombreuses ces dernières années. Ce qui est pesant dans ma fonction, c'est que je dois toujours rester en alerte. Je suis responsable des soins médicaux à bord et je sais que c'est une profession très accidentogène. Or, en cas de blessure, on est parfois à sept jours d'un accueil médicalisé à terre.

Nous faisons partie des seuls navires français à être autorisés à pêcher dans cette zone naturelle des terres australes. Afin d'attirer la légine, nous utilisons une palangre, une ligne avec plusieurs hameçons qu'on pose sur le fond pour appâter le poisson. Nous exploitons toutes les parties du poisson, y compris la tête et la queue. C'est une démarche qui me plaît, une pêche propre, régulée par des taux admissibles de capture définis par le Muséum d'histoire naturelle de Paris. Vu du bateau, l'écosystème est foisonnant. Il y a les albatros, les orques, les cachalots, les otaries… Nous sommes chez eux et ce sont les lois de la nature qui prévalent. Au Canada et en Norvège, les pêcheurs utilisent des sonars comme répulsifs pour les orques mais ça les perturbe. De notre côté, nous n'avons aucun moyen d'effarouchement, on ne les bouscule pas.

« La sensation de faire partie de la même famille »

Entre eux et nous, c'est toujours un jeu de dupes, un petit défi stratégique pour savoir qui sera le plus malin. Il n'est pas rare qu'on remonte les lignes et qu'il ne reste plus que les têtes des poissons sur les hameçons ! Les orques et les cachalots sont vraiment intelligents. Ils savent repérer quand on arrive, ils donnent la sensation d'avoir constamment une longueur

Au cœur des mers australes, à bord du *Cap Kersaint*

d'avance sur nous. Nous, on n'a pas de sonars pour les repérer, ni de sondeurs pour détecter la légine comme on pourrait le faire pour les sardines ou le thon. Alors, tout se fait au flair, à l'intuition. Il n'y a rien de plus agréable que cette cohabitation avec la nature.

Cette vie à bord crée du lien entre nous. Certains marins viennent d'Afrique du Sud, de Namibie, de Madagascar, d'autres de la Réunion ou de Bretagne… Pourtant, on a tous la sensation de faire partie de la même famille. La dimension humaine est colossale. Souvent, en mer, il y a des clans qui se forment, des affinités qui se constituent… Ensemble, on partage tout, les bons comme les mauvais moments, et cela renforce les liens entre nous, bien au-delà de nos campagnes de pêche. Nous savons tous qu'on va en baver mais si nous y allons, c'est aussi parce qu'à notre retour sur la côte les plaisirs terrestres sont exacerbés et qu'on profite tous de la vie avec beaucoup plus d'intensité. »

CATHERINE **CHABAUD**

« La mer, “ma petite mère” »

Catherine Chabaud est une pionnière. Première femme à avoir bouclé un tour du monde en solitaire (le Vendée Globe 1996-1997), elle a fait partie de ces navigatrices qui ont dû se battre, sur les pontons, quand les hommes laissaient peu d'opportunités pour naviguer en course. Son abnégation en course au large a trouvé un écho, plus tard, dans son combat pour la préservation des océans et de la biodiversité. Depuis plus de 20 ans, la journaliste de formation a multiplié les fonctions et les missions jusqu'au Parlement européen pour être utile et faire avancer la cause. Elle préfère le pragmatisme aux injonctions, le concret plutôt que les envolées lyriques. Son enthousiasme à toute épreuve, sa capacité à mobiliser et à fédérer en font une voix à part.

« J'ai eu le goût du large le jour où j'ai eu l'opportunité de quitter un port pour aller vers un autre port. Très tôt, j'ai découvert la mer en suivant mon père qui pratiquait la chasse sous-marine et la plongée. C'était sa passion. Nous passions nos vacances entre Roscoff et les calanques de Marseille. En Bretagne, nous marchions sur l'estran en fin de marée descendante, puis nous immergions dans les laminaires. Ou nous partions juste en face de Roscoff autour de l'île de Batz à bord d'un petit pêche-promenade. C'était déjà l'aventure, déjà de l'exploration.

Et puis il y a eu ce choc émotionnel au début des années 1980, quand j'ai embarqué pour la première fois entre Bénodet et les Glénan, là où s'est forgé mon goût du voyage en bateau. J'avais laissé une annonce sur la bourse des équipiers de France Inter. Le propriétaire avec lequel j'ai finalement embarqué a senti ma passion et m'a laissé volontiers son bateau… J'ai beaucoup appris à son bord, en étant totalement autodidacte. J'ai ensuite participé à ma première course (la course de l'Edhec), puis co-fondé la Spi Dauphine là où j'étudiais les mathématiques appliquées avant de bifurquer vers le journalisme. J'avais envie de faire de la régate mais dans ces années-là, c'était compliqué de trouver des embarquements en tant que femme, il fallait créer le contexte pour naviguer. J'ai participé à une première course en solitaire à Pornichet et j'ai adoré me débrouiller toute seul en mer.

« Quel privilège d'être autorisée à passer par là »

Seule en mer, on éprouve un très fort sentiment de liberté et de responsabilité. Nous sommes en dialogue constant avec le bateau, les éléments, la mer, avec un boulot de marin à faire pour aller d'un point à un autre et traverser des systèmes météorologiques plus ou moins faciles. Il y a du plaisir à jouer avec les éléments et à atteindre l'harmonie avec son bateau. C'est parfois compliqué, notamment lorsqu'on doit traverser plusieurs fronts. Mais des instants d'extase s'insèrent dans des moments plus difficiles, le ciel pluvieux peut laisser la place à une nuit paisible et étoilée.

Le plus merveilleux, ce sont les levers de soleil, quand le bateau avance bien et qu'on est bien placé dans la course aussi. Et puis il y a ceux que l'on partage avec les animaux, les cétacés et les albatros qui m'ont accompagnée au Vendée Globe pendant les 70 jours qu'a duré mon tour de l'Antarctique. On a le temps de partager des instants avec des albatros. Ce qui est fascinant lors d'un tour du monde, c'est la chance de voir la mer dans tous ses états. Ressentir la puissance et la beauté de l'élément, la houle qui déferle dans les mers du Sud. L'homme n'a pas été créé pour naviguer dans de tels endroits. Quel privilège de pouvoir observer l'océan, d'être autorisée à passer là et d'en sortir vivante !

« J'ai ressenti une forme de responsabilité »

Lors de ces expériences, il y a d'autres images qui m'ont marquée. Quand j'étais enfant, les galettes de mazout de l'Amoco Cadiz sur les côtes bretonnes (1978) ; les déchets que je voyais en faisant de la plongée sous-marine ; les plastiques qui flottaient au milieu de l'Atlantique pendant ma Mini Transat (1991). J'ai ressenti une forme de responsabilité, l'impression d'être devant un énorme problème que personne ne voyait et je me suis demandé comment collectivement on avait pu en arriver là. Après mon deuxième Vendée Globe, j'ai souhaité naviguer "utile". J'ai répondu aux sollicitations des associations, je me suis intéressée au concept de développement durable et aux solutions en la matière, j'ai tourné des documentaires sur le sujet, tenté de lancer un projet de bateau éco-conçu – ça n'intéressait personne à l'époque – avant d'accepter une mission "nautisme et développement durable" du ministre en charge de la mer, Jean-Louis Borloo (2008).

Et puis c'était parti : il y a eu le Grenelle de la mer (2009), un moment fondateur, où je présidais un groupe de travail, le Conseil économique, social et environnemental où j'ai siégé (2010-2015), le projet du "voilier du futur" qui n'a pas abouti, la conférence internationale

Vendée Globe 2000

sur la gouvernance de la haute mer que j'ai organisée, la plateforme Océan & Climat (2014), le poste de déléguée ministérielle à la mer et au littoral (2016-2017) puis mon mandat européen depuis 2019. Je cherche à la fois à être sur le terrain et à réfléchir avec des gens d'horizons divers pour essayer de faire bouger les lignes jusqu'au cadre législatif.

La motivation qui m'anime s'explique par mes convictions profondes et le lien charnel que j'ai avec la mer. Je l'appelle "ma petite mère" et quand je la vois polluée, ça m'affecte profondément. Mes années en course au large m'ont aussi montré que collectivement, nous pouvions faire des choses formidables. J'ai beau avoir navigué en solitaire, j'ai une très forte conscience de la puissance du collectif. C'est la clé pour passer à la vitesse supérieure, pour tenter d'être au rythme des enjeux. Je crois également beaucoup à l'intelligence collective. Qui aurait pu imaginer il y a 20 ans que nos bateaux voleraient comme aujourd'hui ? Sur le plan écologique, nous sommes impatients, à raison. Mais les crises que nous avons traversées ont finalement permis d'aboutir à un constat bien plus partagé, bien plus collectif. Nous vivons peut-être le moment où ces problématiques sont conscientisées, non seulement à l'échelle globale mais aussi à l'échelle individuelle. Cela fait vingt ans désormais que je mène ces combats. J'ai vu qu'il y avait des solutions qui pouvaient être mises en œuvre. Nous devons continuer à nous mobiliser et à nous employer à faire bouger les lignes ! »

EN BREF

Née le 29 novembre 1962 à Bron (Rhône)

1991 : Participation à la Mini-Transat (12e)

1996-1997 : Première femme à boucler le Vendée Globe (6e en 140 jours)

1999 : Vainqueur de la Fastnet Race

2000-2001 : 2e participation au Vendée Globe

2002-2006 : Émissions sur Europe 1, documentaires, premiers projets de bateau éco-conçu

2009-2010 : Grenelle de la mer

2010-2015 : Conseillère au CESE (Conseil économique, social et environnemental)

2014 : Membre fondatrice de la plateforme Océan et Climat

2016-2017 : Déléguée ministérielle à la mer et au littoral

2018 : Lancement de l'Appel pour l'Océan, bien commun de l'Humanité

Depuis 2019 : Députée européenne (L'Europe Ensemble)

SERGE **COATMEUR**

Ce corps avait une âme

Il fait partie de ceux qui ont le mieux vécu les confinements successifs liés à l'épidémie de Covid-19. Et pour cause : pendant plus de 40 ans, Serge Coatmeur a été régulièrement confiné. Le Breton fait en effet partie des derniers gardiens de phare à avoir exercé cette profession à plein temps dans l'Hexagone. Lui qui a grandi dans une famille de pêcheurs n'a pas réfléchi longtemps quand son oncle, gardien de phare, lui a proposé de le rejoindre. II raconte un quotidien « monacal » rythmé par les marées, le phare à allumer, le calme, les parties de pêche et parfois les tempêtes. Serge, qui vit toujours au bord de l'eau en Bretagne, le « pays des phares », décrit aussi ce corps de l'administration, les Phares et Balises, pour qui les marins éprouvaient tous de la bienveillance et du respect. Récit d'une époque, aussi, où les femmes et les hommes de mer savaient qu'un regard réconfortant se portait sur eux dès qu'ils se rapprochaient des côtes.

« Je suis né à la pointe du Raz, au sud-ouest du Finistère. Dans ma famille, de mes grands-parents à mes arrière-grands-parents, il n'y avait pas de paysans, que des pêcheurs. Je ne savais pas vraiment ce que je voulais faire mais il fallait que ça ne soit pas loin de la mer, avec la ligne d'horizon à proximité. J'aurais pu m'inscrire à l'école d'officiers ou devenir pêcheur, voire plongeur comme certains copains. Et puis j'avais un oncle qui était gardien de phare sur l'île de Sein. Alors que j'avais à peine 18 ans, j'ai débuté comme auxiliaire pour un travail d'été dans un phare. À l'époque, à la fin des années 1970, tous les phares étaient "gardiennés" en Bretagne. En tant qu'auxiliaire, je remplaçais les gardiens, surtout dans les tours les plus isolées, celles de la Vieille (Plogoff), d'Ar-Men (île de Sein), des Pierres Noires, de l'île Vierge, d'Ouessant, du Petit Minou (goulet de Brest)...

« Quand j'ai commencé, le confort était spartiate »

On nous appelait sur un poste de radio à la maison et le patron nous disait à quelle heure on se retrouvait et dans quel port. Je descendais avec mon bagage et on prenait un petit bateau pour rejoindre le phare. Les relèves étaient parfois "rock'n'roll". Il m'est arrivé de ne pas y parvenir pendant deux à trois jours à cause d'une mer trop formée. S'il est facile de quitter le bateau, du pont mouvant à la terre ferme, l'inverse est plus difficile. Une fois, le bateau a chaviré et le patron a dû récupérer tous les matelots. C'était un marin aguerri et ça lui avait valu la Légion d'honneur.

Il fallait rester sur place une quinzaine de jours. C'était une vie très monacale, scandée par un rythme précis et l'impression que le temps se dilate. Il faut assurer le service puis se préparer à manger, faire la sieste, prendre un café, descendre à la pêche, "faire un peu de propreté". Et puis tu montes pour allumer le phare avec du feu à pétrole. Quand j'ai commencé, le confort était spartiate : il n'y avait parfois pas de toilettes, pas de moyens de communication ni de VHF, pas de téléphone, pas de congélateur et s'il y avait un frigo, il était au pétrole, donc autant chaud que froid !

« On passait parfois une semaine sans pouvoir sortir »

Nous avions tous un rapport professionnel avec la mer, elle faisait partie de notre quotidien. Il n'y avait pas vraiment d'horaire, le lever et le coucher du jour rythmaient les journées. Tout dépendait de l'océan. J'ai des souvenirs, comme des flashs, des tempêtes de nuit, de la violence des paquets de mer qui s'abattaient contre le bâtiment, des gerbes d'eau qui le faisaient disparaître dans le chaos, des bateaux qui affrontaient ces tempêtes… Lorsque j'étais au phare de la Vieille, je pouvais sortir en haut pour assister à ce spectacle à part. Dans celui

Phare de l'île de Sein

de Calvi (Corse) où j'ai aussi officié, c'était un spectacle de carte postale. On passait parfois une semaine sans pouvoir sortir. On se rappelait la mise en garde des anciens – "on ne tourne jamais le dos à la mer" –, on subissait et on attendait l'accalmie. Il a fallu attendre que des photographes de mer viennent dans les phares, dans les années 1980, pour se rendre compte à quel point c'était impressionnant.

EN BREF

Né le 2 août 1956 à Plogoff (Finistère)

Juillet 1974 : Première montée au phare des Pierres Noires

1980-1985 : Missions au phare de la Revelatta

1985-1993 : Missions au phare de l'île de Penfret aux Glénan

1993-1997 : Missions au Centre d'entretien et d'intervention de Concarneau

1997-2016 : Missions au phare de l'île de Sein

2016 : Départ à la retraite

La grande majorité des gardiens de phare avaient été marins de commerce ou pêcheurs. On se racontait les anecdotes de mer et du large et on connaissait le nom des autres gardiens même si on se croisait peu. C'était un corps reconnu par l'administration mais aussi par les autres marins qui faisaient preuve de beaucoup de respect et de gratitude à notre égard. Je me souviens d'un haut fonctionnaire qui venait nous rendre visite et qui nous disait, avec un cheveu sur la langue, que ce corps "avait une âme". Mon grand-père, qui m'avait appris la pêche, et toute ma famille étaient fiers de mon métier.

La profession a été gentiment "flinguée", sans état d'âme. Les phares sont passés du feu à pétrole à l'automatisation. Tout est télécontrôlé, géré à distance grâce à des batteries qui permettent aux phares de rester allumés tout l'hiver. Nous devions être 200 à 300 gardiens, on n'avait aucun poids social. On a essayé de gagner un peu de temps mais c'était la fin des "Phares et Balises". J'ai exercé ce métier plus de 40 ans, la vie dans les phares ne me manque pas. En revanche, j'ai besoin de voir la ligne d'horizon, d'être au bord de l'eau. Ma maison est proche de la mer et, sans elle, je sais qu'il me manquerait quelque chose. »

CHRISTOPHER **COUTANCEAU**

« L'enfance, la mer et ma bibliothèque olfactive »

La mer peut parfois s'inviter à terre. Dans le restaurant de Christopher Coutanceau à La Rochelle, elle y a même son rond de serviette. Les saveurs sont puisées au large, les papilles font office de guide et les embruns ont leur prolongement dans l'assiette. Le chef y raconte la mer avec la même aisance que les romanciers adeptes du large. Pêcheur passionné dès son plus jeune âge, adepte de la criée avant même d'apprendre à lire, Christopher conserve de l'enfance le goût des poissons pêchés et travaillés par ses grands-parents et par son père, chef cuisinier dont il a poursuivi l'œuvre. Doublement étoilé en 2008, triplement en 2020, le Rochelais troque régulièrement son tablier et ses ustensiles pour un ciré et une canne à pêche. Une façon de lâcher prise, renouer avec la nature et débuter une nouvelle histoire qu'il racontera une poignée d'heures plus tard aux chanceux qui s'assoient à sa table.

« J'ai été éduqué par la mer. Je suis né à la clinique du Mail, à proximité de la plage de la Concurrence à La Rochelle où j'ai grandi. L'enfance, ce sont les souvenirs de pêche, le bodyboard, la plongée sous-marine et les aventures à la Tom Sawyer les pieds dans l'eau ou sur un bateau. Ma grande passion, c'était la pêche, sous toutes ses formes : la pêche à l'éperlan, à la sole, aux crabes verts, aux couteaux… Ça a contribué à délimiter mon terrain de jeu, à m'imprégner d'une culture, à façonner ma manière de vivre que j'essaie aujourd'hui de transmettre dans ma cuisine.

EN BREF

Né le 12 octobre 1978 à La Rochelle

2001 : Ouvre à 22 ans « Le Vieux Port » à La Rochelle

2008 : Un an après avoir repris le restaurant paternel, il conserve la 2e étoile Michelin

2019 : Reçoit le « Prix de la gastronomie durable » du Guide Michelin

2020 : Triplement étoilé au Guide Michelin

« La pêche, un faisceau d'éléments extraordinaires »

Mon quotidien est toujours dicté et bercé par la mer. Lorsque je travaillais dans une grande maison à Paris, elle me manquait. Il ne se passe d'ailleurs jamais une semaine sans que j'aille en mer, soit en bateau, soit à pied sur la plage. Partir pêcher, c'est un lâcher-prise, une bulle d'oxygène, un équilibre. Le plaisir est grand de revenir à la source de l'élément naturel. On passe par des phases d'observation, de découverte, on essaie de capturer des poissons pour les partager ensuite et les valoriser. Même en vacances, j'essaie de trouver une canne, de me renseigner sur les espèces présentes, pour les pêcher, les goûter et m'enrichir de ces découvertes.

La pêche, comme la cuisine, nécessite de connaître chaque espèce sur le bout des doigts. Il ne faut pas se contenter de mettre un leurre en plastique dans l'eau et d'attendre. On doit connaître les zones où elles se trouvent, veiller à la saisonnalité, à leurs habitudes et essayer de les comprendre, tout en sachant que ce n'est jamais une science exacte. Pourquoi le bar, la daurade et le maigre sont-ils présents à tel endroit, à tel moment, de quelles proies se nourrissent-ils ? Il s'agit d'un faisceau d'éléments extraordinaires que l'on peut ensuite raconter dans nos assiettes.

« Le jour où il n'y aura plus de mer, il n'y aura plus de terre »

Parfois, il faut attendre de voir des poissons frétiller à la surface pour comprendre qu'il y a du bar. À l'automne, on attend aussi le bon moment pour pêcher des maigres bien gras qui s'apprêtent à migrer. De temps en temps, je pars plus loin, à 80 kilomètres des côtes. On se rend là où gisent des épaves des deux guerres mondiales, pêcher le merlan et le lieu jaune qui se protègent des chaluts. Au cours d'une de ces pêches, on a vu un gigantesque banc de dauphins dont certains s'amusaient à faire sauter des sardines argentées à plus d'un mètre de haut…

Ce genre de spectacle magique nous conforte dans la nécessité de protéger les océans, leur biodiversité, de continuer à en prendre soin. Le jour où il n'y aura plus de mer, il n'y aura plus de terre. Cela nécessite aussi une adaptation permanente à la météo et aux aléas des sorties en mer. C'est l'inverse de la surconsommation, du "tout de suite, tout le temps et n'importe comment". Lors des sorties en mer comme à la criée, on doit composer avec ce que la nature peut nous offrir.

« Une fierté culturelle qu'on s'attache à faire perdurer »

De retour en cuisine, l'exigence est similaire en matière de connaissance de chaque espèce. Un bar peut être de ligne, de roche, de sable, de chalut et ce ne sont ni les mêmes fibres de chair, ni les mêmes goûts. La cuisine est aussi un foisonnement d'odeurs qui fait écho à la saisonnalité des produits. Je me souviens de mon grand-père qui pêchait le merlan et le taco, de ma grand-mère qui cuisinait les anguilles, les étrilles… J'ai gardé de l'enfance et de cette éducation en bord de mer toute une bibliothèque olfactive. Ce sont des souvenirs culturels, des souvenirs d'enfance qui cultivent mes inspirations. L'été, il y avait aussi les sardines qu'on écaillait avec un ciseau, qu'on rinçait à l'eau douce. On mettait la chair sur du pain avec du beurre demi-sel, quelques gouttes de citron et on les mangeait crues en entrée. Mon grand-père les faisait griller aussi et j'adorais ça.

« Sardine de la tête à la queue »

C'est devenu un de nos plats signatures, la "sardine de la tête à la queue". Il s'agit d'un poisson très délicat, très fragile, très compliqué à travailler et à mettre sur une table étoilée et pourtant très sain pour la santé. Dans l'assiette, il y a un filet mariné, un tartare de filet de sardine, un filet grillé, une vinaigrette de tête de sardine, des arêtes et des écailles croustillantes, une bavaroise de sardine fumée et un bouillon de ventre de sardine et de sardine fumée. Ça démontre que l'on peut travailler tout le poisson, avec zéro perte. C'est tout simplement délicieux, c'est une fierté culturelle qu'on s'attache à faire perdurer et la réminiscence, aussi, de tendres souvenirs d'enfance. »

cœur

FRANÇOIS **DAMIENS**

« Naviguer, c'est redonner du sens au temps »

Il a tout d'une gueule de marin. Avec sa barbe de trois jours, son sourire communicatif, sa gouaille. Avec ce regard qui dissimule aussi un voile de mélancolie, témoin des doutes jamais vraiment chassés dans le flot de l'existence. François Damiens sait faire rire, beaucoup, et ressentir, lui qui est devenu un acteur incontournable du cinéma. Mais le Belge est aussi un passionné de mer et d'océan. Il fait partie des rares acteurs à avoir traversé l'Atlantique, en course, lors de la Transat Jacques-Vabre avec Tanguy de Lamotte. Il a aussi navigué avec Samantha Davies, Paul Meilhat et côtoyé nombre de marins à l'arrivée et au départ des grandes courses océaniques. À sa manière, il dévoile sa « déclaration d'amour à la mer », son respect pour les femmes et les hommes de mer, son goût pour la navigation et sa fascination pour les insulaires.

« L'océan, je l'aime depuis que je suis tout petit. J'ai fait de la voile en Méditerranée avec la Fédération française de voile quand j'étais gamin, puis des stages aux Glénan quand j'étais adolescent. Depuis, j'ai traversé l'Atlantique avec des copains de la Floride à la Bretagne à 25 ans, j'aime aller de port en port, passer des vacances sur un voilier. Ce que je ressens en mer est toujours identique : une incroyable sensation de liberté. C'est bien moins palpable sur terre où il serait plus facile de faire la liste de tout ce qu'on ne peut pas faire !
Sur l'eau, tu peux poser ton ancre à peu près partout, tu peux partir loin. Tu fais ce que tu veux à partir du moment où tu ne te mets pas en danger, où tu ne mets pas les autres en danger et où tu ne pollues pas. J'aime cette idée que la seule limite de tous soit la responsabilité de chacun.

« L'océan, un lieu de partage »

Naviguer, c'est comme marcher, c'est la garantie de ne pas être interrompu par une sonnerie de téléphone, par un bruit extérieur. C'est l'assurance de redonner du sens au temps, de réapprendre à profiter de l'instant. J'aime cette idée de prendre le temps de manger, de faire

L'île de Mykonos, dans les Cyclades

du pain, de marcher, de naviguer, d'arrêter de laisser tout défiler à une vitesse monstrueuse, de stopper le rythme effréné du quotidien. Je me suis battu toute ma vie pour essayer d'être libre et il n'y a pas meilleur endroit pour le ressentir que sur un bateau.

L'océan, c'est aussi un lieu de partage, un lieu où on prend le temps de s'écouter, d'échanger, de divaguer. Les ports sont propices aux rencontres. Tout s'y passe : tu arrives, tu croises du monde, tu files à la capitainerie discuter, tu échanges avec ton voisin de ponton, tu ressens l'entraide et la convivialité... Tu es content d'arriver et content de repartir.

Quand je pars en vacances, je m'arrange toujours pour aller dans les îles. J'ai déjà fait le tour d'un paquet d'îles ! J'aime beaucoup les Cyclades, il y a un côté très sauvage, la garantie de pouvoir s'aventurer en voilier là où les gens se rendent peu. Les petits ports sont ravissants, le vent est souvent au rendez-vous, les distances entre les îles sont courtes. On y mange bien, on y boit bien et puis c'est magnifique, surtout. L'idée de l'insularité me plaît, ce caractère très paradoxal d'être dans une prison naturelle, d'être coupé du reste du monde tout en ressentant une liberté absolue.

Il y a un côté hors du temps, l'impression que le temps se fige, que la promiscuité n'est pas dérangeante parce qu'elle permet l'entraide. C'est une sorte de mise à l'écart du flux du monde qui permet de s'attarder un peu plus sur ses choix de vie. L'île offre aussi une sorte de protection, un sentiment de sécurité : on laisse les voitures et les maisons ouvertes, on passe davantage de temps à contempler. Ce n'est pas pour rien que les insulaires y retournent souvent, c'est un

retour à l'enfance, un voyage intérieur réconfortant. Je ne suis pas sûr d'arriver à vivre sur une île mais j'adore y séjourner, observer les insulaires et scruter les coins les plus sauvages plutôt que de me tourner vers le continent.

« Une admiration sans borne pour les skippers »

J'aime beaucoup assister aux départs et aux arrivées des courses transocéaniques. Les bateaux sont magnifiques et me fascinent depuis toujours… Que ce soit lors de ma Transat Jacques-Vabre avec Tanguy de Lamotte ou lors de mes autres expériences, j'ai pris beaucoup de plaisir à naviguer avec ces marins. J'ai un respect et une admiration sans borne pour les skippers. Je suis à la fois fasciné et très respectueux de ce qu'ils accomplissent. J'admire ce qu'ils font, seuls face à l'océan, ainsi que le côté didactique, la capacité à transmettre leur passion au grand public. C'est une aventure mais aussi un moment de partage, quelque chose de très beau, très noble.

Ma participation à la Transat Jacques-Vabre, j'en garde un souvenir extraordinaire. Quand je regarde la carte du monde, je me dis toujours que j'ai eu la chance de traverser l'Atlantique à la voile. Après 30 minutes, tu ne vois plus la côte, tu rentres dans un rythme à part et tu es toujours occupé : barrer, préparer à manger, faire la vaisselle, discuter, reprendre des forces… Et puis quand tu écoutes de la musique en pleine nuit, au cœur de l'Atlantique, c'est fascinant. Après, il y a l'ambiance aux départs et aux arrivées, chaque fois très différente mais toujours très forte émotionnellement. J'aimerais partir moi aussi et faire le “grand tour”, un tour du monde. Il faudra que je trouve le temps. Mais je sais que ça va être une aventure extraordinaire : aucun de ceux qui l'ont réalisée ne l'ont regretté ! »

TRIMARAN
Géant

MICHEL **DESJOYEAUX**

« Nous restons des étrangers sur l'océan »

Il a tout gardé de sa passion, de son exigence et de la pointe d'insouciance qui nourrit son existence. La soixantaine approchant, Michel Desjoyeaux conserve la même verve à raconter ses aventures du large, le même plaisir à décrire les bateaux qu'il a façonnés, le même attachement à prendre la mer, à tirer des bords et à transmettre son savoir. Seul homme à avoir remporté le Vendée Globe à deux reprises (2000-2001, 2008-2009), le « Professeur » continue de foisonner d'idées, à l'instar de cette voile gonflable automatisée qu'il aspire à développer pour le commerce maritime. Et puis « Michdej » navigue toujours pour donner des coups de main, pour souffler et ressentir cette liberté qu'il chérit tant.

« La mer, les bateaux… Je suis tombé dans la marmite quand j'étais petit. J'ai été élevé dans le chantier de mes parents, au milieu des bateaux, j'ai grandi avec les ouvriers qui y travaillaient… Dès que j'ai été en âge de le faire, je piquais l'annexe familiale – une petite barque en plastique – et j'allais me balader dans l'anse qui est l'actuel chenal de Port-La-Forêt. J'y ai découvert les courants marins et tant de petits aspects de la navigation. Progressivement, l'envie du large a grandi. J'allais souvent naviguer avec les clients du chantier : ils étaient contents d'avoir un "petit bout" à bord et mes parents étaient contents de se débarrasser de moi !

« La course au large, une boule à facettes »

Je n'ai pas suivi le cursus classique mais j'ai eu la chance de naviguer à bord de bateaux magnifiques. Je me suis toujours senti privilégié d'appartenir à cet univers-là. Ce que j'aime, c'est autant la mer que les bateaux, la technique, le design, la construction, le choix des matériaux…

La créativité, l'imagination, c'est aussi ma marque de fabrique. Je n'ai jamais envisagé la voile comme un travail mais comme un plaisir permanent, un cercle vertueux qu'on ne finit jamais d'alimenter. Je ne sais pas vraiment comment je pourrais m'arrêter un jour.

Être dans un chantier 12 heures par jour, participer à une œuvre collégiale, réfléchir aux moyens de disposer d'un bateau toujours plus rapide, plus solide, plus intelligent, plus polyvalent, moins énergivore en sachant que tu seras ensuite le bénéficiaire de ce travail, offre une source de motivation intarissable. C'est ce qui fait de la course au large un sport génial : il faut une maîtrise globale de nombreux aspects (technique, physique, analyse météo…) pour façonner une belle boule à facettes et réussir à être performant.

« Un des derniers espaces de liberté »

Si la réglementation évolue légèrement, cela reste peu conséquent par rapport à la marge de liberté dans laquelle on évolue. Les lois physiques restent toujours celles de la mer. On s'y rend parce qu'on a inventé les bateaux, parce que l'intelligence de l'homme nous l'a permis. Mais il convient de rester intelligent et respectueux… Ce qui est agréable au large, que l'on soit en solitaire ou en équipage, c'est d'être toujours maître de soi, d'avoir la pleine conscience des risques que tu peux prendre et de l'énergie que tu peux y mettre. La mer et les océans font partie des derniers espaces de liberté que l'on a sur terre.

Au large, il y a des couleurs et des lumières incroyables, des couchers de soleil qui marquent et des rencontres qui sont indescriptibles. Lors de mon premier Vendée Globe, au cœur du pot-au-noir, je me souviens d'une après-midi très calme avec une mer argentée à perte de vue. Soudain, j'aperçois une masse sombre et gigantesque à l'horizon qui se rapproche. C'était un énorme banc de dauphins. Ils étaient peut-être 200 à 300 à se suivre et à foncer dans ma direction sans faire attention au bateau. Ils ne s'intéressaient pas du tout à moi, c'est moi qui m'intéressais à eux.

EN BREF

Né le 16 juillet 1965 à Concarneau

2001 : Vainqueur du Vendée Globe
2002 : Vainqueur de la Route du Rhum
2007 : Vainqueur de la Solitaire du Figaro pour la 3e fois
2007 : Vainqueur de la Transat Jacques-Vabre
2009 : Vainqueur du Vendée Globe
2009 : Élu « Marin de l'année » pour la 3e fois

J'ai vécu un autre moment improbable huit ans plus tard, lors de mon second Vendée Globe. J'avançais dans le détroit de Le Maire après avoir passé le Cap Horn. Une après-midi calme, avec très peu de vent, j'entends des bruits dans tous les sens. J'étais à l'intérieur du bateau, fatigué, je devais avoir des hallucinations… Et là, en sortant sur le pont, je vois des dizaines d'albatros. Ils étaient imposants, grands comme des cygnes, avec leurs becs aussi gros que la paume de la main. Et ils jacassaient, caquetaient dans un vacarme indescriptible. C'était un vrai poulailler, leur "bar des sports" un samedi soir ! Ce sont des animaux très solitaires, il est très rare d'en voir une telle concentration au même moment.

Transat Jacques Vabre 2009

La voile est souvent considérée comme un sport propre. Certes, le bateau est poussé par le vent mais c'est idéaliste, différent de la réalité. En tant que skippers, nous n'avons pas toujours été irréprochables et, malgré nos efforts, nous ne le sommes pas encore totalement en matière de respect de la nature et de la biodiversité. On a parfois l'impression que la mer nous appartient. Or, nous restons et nous resterons toujours des étrangers sur l'océan. »

SCANDINAVIAN
EXPLORER
71 10' 21"

LAURENCE **DEVILLAIRS**

« Donner du bleu à la vie et poétiser l'ordinaire »

EN BREF

Née le 25 juin 1969 à Besançon

2010 : *Brèves de philo* (Points) (nouvelle édition courant 2024)

2017 : *Guérir la vie par la philosophie* (PUF)

2017 : *Un bonheur sans mesure* (Albin Michel)

2019 : *Être quelqu'un de bien. Philosophie du bien et du mal* (PUF)

2022 : *Petite philosophie de la mer* (La Martinière)

Le déclic est survenu alors qu'elle traversait, d'après ses mots, « une période épouvantable de sa vie ». La philosophe Laurence Devillairs ne parvient plus à écrire, son éditrice lui propose alors de rédiger quelque chose autour d'un « sujet qu'elle porte en elle ». « Immédiatement, je lui ai répondu : la mer. » Elle a commencé à rédiger le soir-même, depuis Paris, puisant dans sa mémoire les instantanés et la lumière qui viennent de l'océan. De ses écrits est né un livre, *Petite philosophie de la mer*, qui sent bon la plage, le soleil, le sel, les embruns et qui réconforte. Laurence Devillairs a des images de mer plein la tête, le goût des vacances en Méditerranée, le souvenir de son père qui plongeait des rochers et l'envie irrémédiable d'y retourner, comme une évidence plus qu'un exutoire. Et elle offre, aussi, un des plus beaux et poétiques témoignages sur le lien qu'on tisse avec le littoral et l'océan.

« Je suis née en Franche-Comté, une région plus proche de la Suisse que de la mer. De cet éloignement natal, j'ai conservé un émerveillement et une surprise dès que je vois la mer. À chaque fois, il y a une forme d'épiphanie, la sensation qu'il y a du divin sur terre. Et cela me procure un sentiment qui n'a pas d'équivalent. Voir la mer, c'est une rupture, qui met en suspens l'ordinaire de la vie. J'ai envie de faire silence pour écouter, j'ai envie de n'être occupée qu'à la regarder. Je me mets alors en contemplation pour tout recevoir de la mer, pour habiter ce que je vois, pour qu'elle devienne mes pensées. Il faut laisser la mer dire ce qu'elle a à dire. C'est une écologie du voir, une discipline de vie.

« La mer nous certifie que le réel ne suffit pas »

Ce n'est pas de la méditation mais de la contemplation car cela implique de mettre fin à notre obsession du "faire". La question n'est pas d'opposer "être et avoir" mais "mieux être ou faire". Ainsi, la mer est une école du farniente, elle offre l'occasion, le privilège de ne rien faire. D'ailleurs, j'ai remarqué qu'il me faut près de cinq jours pour être totalement dans la contemplation. La mer permet de "faire basculer la journée en ma faveur", comme le disait l'écrivain Nicolas Bouvier. Elle se pare de toutes les couleurs et nous certifie que le réel ne suffit pas, qu'il nous faut mettre de la vie dans la vie, "donner du bleu à la vie et poétiser l'ordinaire". Il ne s'agit pas d'accomplir des actes extraordinaires mais d'apprendre à regarder les choses différemment. Parfois, quand je rentre dans mon appartement, j'imagine que la cour d'immeuble est remplie d'eau, que la lune se baigne dedans et que c'est une petite mer.

Je me suis rendu compte que nombre de philosophes – Lucrèce, Descartes, Pascal… – ont utilisé des métaphores maritimes. Eux qui font normalement appel aux idées avant tout se servent de l'image de la mer pour évoquer ce qu'est le tragique, le sens ou encore le hasard de la vie. Et puis il y a un poète qui m'a accompagnée dans cette réflexion, c'est Baudelaire. Chez lui, la mer est un personnage à part entière. Ce n'est pas un paysage, c'est un autre monde extraordinaire, supérieur, qui nous transcende. Il n'est pas question d'un au-delà religieux, qui serait réservé au ciel – ce qui n'empêche pas ciel et mer d'offrir des noces magnifiques !

« Je ne nage pas dans la mer, je suis la mer »

Par ailleurs, la mer permet une autre sensation, très forte. Ce n'est pas le fait de me "retrouver" comme on me dit parfois mais au contraire de vouloir partir, de fuir, de me perdre, de me défaire de moi-même. Je demande à la mer une libération totale, intégrale. Retrouver ce sentiment d'enfant, courir et fuguer jusqu'à la mer comme à la fin des *Quatre cents coups* de François Truffaut. La mer est une fugue : si je ne réponds plus, un jour, c'est que je suis partie en mer. Je ne suis pas une grande nageuse mais je nage parfois jusqu'à m'épuiser, jusqu'à m'oublier.

Nager sous l'eau est une activité à part. Parce que c'est le silence. Parce que j'ai la sensation d'entendre battre le cœur de la mer, même si je sais que c'est le mien. Parce que nager sous l'eau, c'est une expérience cosmique. Je ne nage pas dans la mer, je suis la mer. Les frontières de ce qui fait ma personne et mon moi disparaissent. Et j'adore. Il y a le plaisir troublant d'être frôlé par les poissons aussi. Pour moi, l'écologie doit d'abord être esthétique, il faut réapprendre à voir la beauté du monde.

Dans mon imaginaire, la mer, c'est la Méditerranée et la Corse, que j'ai connue avec mes parents. Le problème, c'est qu'une fois que vous y êtes allés, vous n'avez plus envie d'aller ailleurs. C'est un manque permanent dans ma vie, un désir aussi. Ce n'est pas parce que je n'y aurais pas accès

Toile du peintre
Dominique Abraham

mais parce que la beauté de cette mer est généreuse, elle donne énormément, elle est belle en abondance. Le beau, c'est un sentiment de générosité dont on ne fait jamais le tour. Alors, j'y retourne inlassablement puisqu'elle n'a jamais fini de me raconter une histoire. Il n'y a pas si longtemps, on ne marquait pas la différence entre la mer et l'océan. Moi, c'est la mer qui me fascine parce qu'elle ne part jamais, comme pour alimenter en permanence ma fascination et mon désir. Et il m'arrive, parfois, de me lever en pleine nuit juste pour la contempler. »

BORIS **DIAW**

« Mon bateau est devenu ma maison »

Pendant 17 ans, il a écumé les parquets, évolué avec les meilleurs joueurs du monde et obtenu un des graals de la planète basket, un titre de champion NBA (en 2014). Boris Diaw est un des plus illustres représentants de la « génération (Tony) Parker », enthousiasmant les fans de balle orange par son sens du collectif, son altruisme et son sang-froid. Loin des spotlights, « Babac » cultivait une autre passion, sur le bassin d'Arcachon : le plaisir d'une sortie sur l'eau, d'une partie de pêche, d'un coucher de soleil… Son désir de voyage et sa découverte de la plongée sous-marine l'ont poussé à réaliser un rêve : s'élancer dans un tour du monde par étapes à bord d'un catamaran. En somme, découvrir le globe sans montre, sans contrainte, le partager avec ses proches et se sentir tout petit – même en mesurant 2,03 mètres – face à la faune et la flore.

« Mon lien avec la mer, c'est avant tout une histoire de rituels. Cela a commencé par des étés passés à la plage. Ensuite, à l'adolescence, dès qu'on s'est installés à Bordeaux, je me rendais au bassin d'Arcachon et sur la côte, entre Lacanau et Biscarosse. Plus tard, j'ai continué à y aller quelques semaines par an, pour faire un tour sur le Bassin, pour pêcher, pour admirer un coucher de soleil. Et puis j'ai eu envie d'un peu plus : j'ai passé mon permis côtier à Montpellier – là où réside une partie de ma famille – et j'ai découvert les fonds marins. Je suis tombé amoureux de la plongée sous-marine, du bonheur de voir ce qu'il y a sous la surface de l'eau. Dès qu'on s'y émerge, on entre dans un monde différent. On ne se déplace plus de la même manière ; on a la sensation de flotter, d'être libéré de la gravité, on oublie le bruit ambiant, on s'approche d'une forme de méditation.

Boris Diaw poursuit ses explorations dans toutes les mers du globe

« L'envie d'un style de vie différent »

J'ai toujours aimé le voyage et il n'y a rien de mieux que la mer pour rallier un point à un autre sur la planète. J'avais envie de liberté, d'aller n'importe où n'importe quand au rythme du vent, de savoir quand je partirais mais pas quand j'arriverais. J'en avais d'autant plus envie qu'en tant que sportif de haut niveau, j'avais très peu de latitude pour prendre des vacances. Tout est planifié : tes matchs, tes entraînements, on te dit quand manger, quand dormir… À l'approche de la fin de ma carrière, j'avais vraiment envie d'un style de vie différent.

Quelque temps avant d'arrêter le basket, je suis parti en voyage en Martinique et j'ai découvert l'*Aliotis*. C'est un bateau qui sert de centre de plongée, avec tout le nécessaire à bord pour naviguer mais aussi pour plonger et découvrir les fonds marins. L'idée a germé d'avoir moi aussi ma maison sur un bateau. De m'élancer au large en ayant tout ce qu'il faut pour plonger, tout en pouvant inviter ma famille et mes amis. Après plusieurs années de recherche, j'ai trouvé le catamaran de mes rêves, un Lagoon 77, construit à Bordeaux qui plus est. J'ai customisé l'intérieur et je l'ai aménagé spécialement pour la plongée afin de pouvoir être en totale autonomie. Puis mon tour du monde a débuté et mon bateau est devenu ma maison.

« Les yeux dans les yeux avec un baleineau »

J'ai commencé par une année en Méditerranée, puis deux ans dans les Caraïbes avant de passer deux autres années en Polynésie française. Ce sont des destinations totalement différentes, en dehors de l'eau comme sous l'eau. À chaque plongée, il y a ceci de magique qu'on ne sait pas ce qu'on va découvrir. La rencontre avec les baleines m'a marqué, notamment le contact les yeux dans les yeux avec un baleineau curieux qui se demandait ce qu'on faisait là et qui semblait vouloir jouer avec nous. J'adore les raies mantas, majestueuses dans leur façon de se déplacer et qui donnent l'impression de voler. Et puis il y a les requins, qui sont des animaux mal compris comme on s'en rend compte quand on nage au milieu d'une centaine d'entre eux en toute sécurité… Mais un animal n'a pas besoin d'être imposant pour impressionner : je pense aussi à toutes les petites espèces de coraux aux formes géométriques et aux couleurs si variées qui offrent un spectacle à part entière.

EN BREF

Né le 16 avril 1982 à Cormeilles-en-Parisis
2003 : Débute sa carrière en NBA
2008 : Réalise sa première plongée sous-marine
2013 : Champion d'Europe avec l'équipe de France
2014 : Champion NBA avec les San Antonio Spurs
2018 : Met un terme à sa carrière sportive, débute son tour du monde

À travers ces voyages, j'ai découvert des cultures très diverses, mais aussi des rapports à la mer très différents. Certains peuples en vivent depuis des millénaires. Ils ont fait de la pêche leur ressource première et ont développé une connaissance impressionnante des écosystèmes. Ils connaissent chaque espèce de poissons, peuvent les localiser en fonction des oiseaux qui volent au-dessus de l'eau en cherchant leurs proies… Je me sens clairement chanceux de pouvoir vivre ce tour du monde, d'avoir l'opportunité de découvrir autant d'endroits et d'animaux au fil de mes plongées et de mes navigations. J'en suis devenu clairement "addict". Après la Polynésie, je mettrai le cap vers la Nouvelle-Calédonie, l'Australie, l'Indonésie, les Philippines et l'océan Indien avant, pourquoi pas, de visiter les régions polaires…. Il me reste encore une dizaine d'années pour boucler ce premier tour du monde ! »

Red Bull
Red Bull

JUSTINE DUPONT

« L'impression d'avoir surfé la vague parfaite »

Justine Dupont ne sait jamais ce qu'elle va faire plus d'une semaine à l'avance. Ce qui détermine son calendrier, ce sont les conditions, la météo, la houle et les vagues. « C'est la nature qui dicte toute mon organisation », confie-t-elle. La jeune trentenaire est une surfeuse de grosses vagues, ces murs d'eau de 15 à 20 mètres de haut qui se dressent face à certaines côtes. Avec Fred David, son mari et compagnon de toutes ses aventures, chaque session est préparée, disséquée car l'erreur ou l'excès de confiance ne pardonnent jamais. L'humilité, la cohésion, la patience, la précision, la détermination… Il faut que les planètes s'alignent pour réussir à jouer avec sa peur et bénéficier de la force des vagues. Quelques secondes d'éternité au cœur d'un univers hostile auquel Justine Dupont a dédié sa vie.

« Je suis tombée amoureuse de l'océan comme de nombreuses personnes. On y allait en famille avec mon frère et mes sœurs pendant les week-ends et les vacances, après avoir fait 40 minutes de route. On attendait ces moments avec excitation : on se sentait libre, on allait surfer, on s'amusait. Puis je me suis mise à participer à des compétitions. Ça m'a permis de progresser, de performer et même d'en vivre. J'y ai pris du plaisir mais ce n'était pas l'essence du surf que j'attendais. J'avais l'impression de m'éloigner de ce qui m'avait toujours animée au plus profond de moi. En compétition, il y a beaucoup de règles, le lieu et le timing sont imposés, c'est très loin du plaisir que je ressentais au début, celui de se laisser guider pour trouver le meilleur spot, le meilleur moment, la meilleure vague. J'avais envie de retrouver ce qui m'attirait, une relation plus intime avec l'océan. C'est pour cela que je me suis tournée vers les grosses vagues.

« Une sensation extraordinaire de liberté, de vitesse, de joie »

Surfer des grosses vagues, c'est un cheminement. On a envie de comprendre pourquoi on a peur, on tente d'en surfer de plus en plus imposantes. C'est un tel privilège de pouvoir rester quelques secondes sur ces vagues, d'aller dans un océan aussi fort, aussi intense, aussi effrayant et aussi beau. Ce n'est pas un duel ou une confrontation, on sait toujours qui va gagner ! Nous ne sommes jamais suffisamment prêts et l'appréhension est toujours là, la peur aussi, même juste avant de s'élancer. Il faut constamment jouer avec ses émotions.

À l'approche de la vague, l'adrénaline nous pousse à vivre l'instant avec intensité, l'instinct de survie aiguise la concentration. On a l'impression d'avoir tous les sens optimisés et tout le corps tourné vers cette réussite. Une fois sur la vague, c'est une sensation extraordinaire de liberté, de vitesse, de joie. Il y a un pic de plaisir sur la vague. Il ne dure que quelques secondes mais on s'entraîne, on vit pour ces secondes-là. C'est le chemin pour y parvenir qui est enrichissant, qui permet de prendre du plaisir. Je suis très fière d'avoir surfé certaines vagues. J'ai l'impression que quelques-unes d'entre elles m'accompagnent, m'épaulent, font office de distributeurs de joie tous les jours.

« Il ne fallait pas provoquer l'océan »

Parmi elles, il y a celles de Nazaré, en février 2020. Là-bas, l'eau peut être transparente, bleu émeraude et frissonnante de micro-vagues un jour, sous un beau ciel bleu, et devenir marron le lendemain, brisée de vagues énormes et balayée par de fortes rafales de vent, comme sous l'emprise d'une violence indescriptible. Ces multiples facettes de l'océan me fascinent. Cela faisait quatre ans que l'on s'entraînait et tout était réuni pour que cela fonctionne : notre équipe, avec Clément Nantes qui assurait la sécurité et Fred David – mon compagnon et entraîneur – qui pilotait le jet-ski, était parfaitement rodée. Nous avions déjà pris de super vagues et nous savions qu'il ne fallait pas provoquer l'océan, juste avoir une approche sereine pour surfer de belles vagues.

Et puis on a eu la vague idéale : sa forme, sa texture, son côté lisse… Fred m'a positionnée au meilleur endroit. Là, tu sens l'énergie qui appartient à l'océan profond, la vague qui se forme, qui devient plus pointue, l'ombre derrière toi. Tu sens l'explosion, tu entends la vague qui casse. Moi, j'étais bien sur la vague, j'ai cherché à faire la meilleure ligne possible tout en gardant à l'esprit que je voulais en sortir indemne. Je pense qu'elle faisait une vingtaine de mètres. J'avais l'impression particulière d'avoir surfé LA vague, unique et parfaite. Je me suis demandé si l'océan pourrait m'envoyer une nouvelle fois dans ma vie une vague aussi parfaite.

« Ces journées qui donnent un sens à tout »

La seconde vague, c'est Jaws, à Hawaï. Je l'avais déjà surfée en 2016 puis je m'étais blessée ; je n'arrivais pas à passer outre ma blessure à cause de la douleur, de la peur de revivre la même chose. J'avais beaucoup surfé l'année suivante et en fin de saison, il y avait une très grosse houle sur l'île de Maui. Malgré la fatigue, j'ai ressenti cette envie d'y aller. Michel Larronde, une légende du surf de grandes vagues, a accepté de me tracter. Et là, il m'a posée sur une vague exceptionnelle. Le tube était sombre et immense, j'étais complètement cachée par la vague et je ne pensais pas pouvoir m'en sortir. Finalement, la seconde suivante, c'était fini,

Dee Why Beach,
Sydney

je levais les bras au ciel. C'était magique de la surfer là-bas, dans le berceau du surf mondial, et d'avoir la reconnaissance de la communauté à Hawaï. Je n'aurais jamais osé rêver à cette vague, surtout après ma blessure.

Enfin, la troisième vague exceptionnelle, c'était en Californie, en janvier 2023. Nous sommes allés à Cortes Bank, un spot mythique à 160 km des côtes, avec Garrett McNamara, Andrew Cotton et Lucas Chumbo, des références du surf de grosses vagues. On ne voyait plus du tout la côte, la seule présence terrestre, c'était notre bateau et nos jet-skis. L'endroit était beau et hostile à la fois, nous avons vu plusieurs requins blancs tourner dans la zone. C'était un sacré challenge, et un honneur pour moi de faire équipe avec Lucas, le meilleur surfeur de grosses vagues au monde. Il m'a tractée à merveille. Tu passes des années à t'entraîner et puis il y a des journées comme celle-là qui donnent un sens à tout.

EN BREF

Née le 27 août 1991 à Bordeaux

2001 : Débute le surf en famille à Lacanau
2007 : Vice-championne du monde de longboard
2008 : Championne d'Europe de surf ASP (ex-WSL)
2016 : 2e des premiers championnats du monde de surf de grosses vagues
2017 : Vice-championne du monde de stand-up paddle
2020 : Surfe une vague de plus de 20 mètres à Nazaré (Portugal)
2023 : Première femme, première Française à surfer la vague de Cortes Bank (États-Unis)

L'humilité est indispensable : si tu n'as pas compris qui était le plus fort, si tu insistes, si tu ne respectes pas l'océan, tu passeras par la case hôpital. Le surf comme je le pratique oblige à jouer collectif, à envoyer suffisamment de bonnes ondes et d'énergie positive pour recevoir à son tour. Je n'aurais pas réussi à surfer toutes ces vagues sans le soutien dont j'ai bénéficié, sans la présence de Fred, mon compagnon, et sans le respect des légendes du surf qui m'ont fait confiance. Avoir la chance d'être aussi bien entourée et de surfer des vagues aussi grandes, c'est un honneur. »

North Beach, Nazareth

JEAN-LOUIS **ÉTIENNE**

« La mer nous apaise du monde »

Il y a du Jules Verne chez Jean-Louis Étienne. L'impression d'être plongé dans un monde, la capacité à rendre chacun témoin de ses expéditions, de ses aventures, grâce à ses mots simples et ce talent pour raconter la nature. Médecin et aventurier, il a atteint le pôle Nord en solitaire, traversé l'Antarctique en traîneau à chiens puis l'Arctique en ballon rozière, volé à bord du Solar Impulse... Sa dernière innovation, c'est le Polar Pod, une plateforme océanique qui pourra dériver dans les mers du Sud si inhospitalières et servir de laboratoire aux scientifiques. Jean-Louis Étienne, « Explorateur d'océans » comme il s'est surnommé dans un livre en 2021, n'a de cesse d'explorer, d'innover et de raconter, aussi, avec un optimisme qui ravit et qui donne foi en l'avenir. Nouvelle illustration.

« La mer, je l'ai détestée quand j'étais petit. Pour moi, c'était la plage, l'étalage des corps nus, les pique-niques où l'on mangeait du sable, la chaleur à en cramer, l'interminable attente pour digérer avant d'avoir le droit de se baigner, le club pour enfants… On allait sur les bords de la Méditerranée avec ma mère et ça avait valeur de torture… Je n'aimais que la montagne à l'époque ! La mer, je l'ai réellement découverte lors de mes années étudiantes.

« L'océan, une immensité de liberté »

Je me souviens d'être allé sur une plage, au bord d'une forêt bordant un petit village des Pyrénées-Orientales. Je suis tombé sur un bateau à voile qui avait l'allure d'une épave. Je me suis assis et j'ai regardé la mer. C'est là que j'ai ressenti à quel point la mer et l'océan étaient un espace de liberté, une immensité de liberté même. J'étais dans ce petit village mais le

EN BREF

Né le 9 décembre 1946 à Vielmur-sur-Agout (Tarn)
1977-1978 : Participe à la Whitbread, course autour du monde, à bord de *Pen Duick VI* avec Éric Tabarly
1986 : Premier homme à atteindre le pôle Nord en solitaire
1989-1990 : Participation à la Transantarctica, la plus longue traversée de l'Antarctique en traîneau à chiens
1991-1996 : Participation à des expéditions à bord de la goélette Antarctica
2002 : Dérive de trois mois au pôle Nord à bord du Polar Observer
2005 : Expédition sur l'île de Clipperton dans l'océan Pacifique
2010 : Première traversée de l'océan Arctique en ballon rozière
2022 : Lancement de la construction de Polar Pod, destiné à l'étude de l'océan Austral

monde s'ouvrait à moi, je pouvais soudainement aller partout. Dans ma tête, c'était une révolution. J'avais une formation de tourneur-fraiseur et j'ai donc décidé de réparer ce bateau puis de prendre la mer. Ce fut le point de départ d'une grande respiration, de nombre d'aventures et c'est la genèse de mon livre, *Explorateur d'océans*.

Ensuite, j'ai eu l'occasion de naviguer avec le père Jaouen, de tenter un record de l'Atlantique avec Alain Colas et un tour du monde en compagnie d'Éric Tabarly. Tous ont fait partie des guides et des mentors que j'ai eu la chance d'avoir dans la vie. Comme ceux que j'ai eus en matière d'alpinisme ou de chirurgie, ils m'ont accompagné, m'ont aidé à grandir et à me rendre humble. J'ai aussi eu la chance de construire des bateaux, de contribuer techniquement à des projets. Il y a eu Antarctica, le bateau de la fondation Tara qui devait résister à la banquise, puis mon projet actuel, Polar Pod, qui vise à étudier les mers australes. J'aime beaucoup les convergences entre les contraintes architecturales et technologiques d'une part et l'accès à une zone maritime difficile d'abord de l'autre.

« L'océan, un désert par nature »

La mer, c'est un apprentissage permanent. Elle offre un spectacle tout en nuance avec sa surface qui change, l'intensité des vagues qui varie et leurs couleurs aussi. La regarder, l'arpenter, y voyager, c'est une façon de vivre en apesanteur du monde. Ce n'est pas toujours un décor de carte postale mais le beau peut se nicher partout. Ce qui compte, c'est lorsque les paysages et l'expérience du moment rentrent en fusion avec ce que l'on ressent, comme si c'était de l'ordre de l'intime.

Il faut se convaincre que rien n'est minuscule pour qui sait apprendre à regarder. Le marin est ainsi préparé à ce spectacle parfois monotone, à se nourrir des petits riens qui jalonnent sa traversée. L'expérience lui permet de lire les nuages à l'horizon, d'apprécier les couleurs du

décor, de se nourrir de chaque interaction qu'il a avec la nature et sa biodiversité. L'océan est un désert par nature, il ne se passe rien quand on regarde à la surface et pourtant, le temps long et le goût de l'effort permettent d'en profiter.

Une notion intéressante, en mer, c'est la capacité d'avoir en permanence un but, un guide, un objectif. On prend le large pour quitter un port et en rejoindre un autre. Il y a l'idée d'une trajectoire, d'une construction, d'un désir qui sera alimenté par l'attente et la curiosité. À terre, nous sommes tous parasités par une multitude d'éléments, d'informations, de sollicitations... La mer nous nettoie de tout ça, elle nous apaise du monde, nous enveloppe dans son immensité et nous laisse nous immerger dans son univers avec ses codes, son rythme et sa magie. »

AGATHE **EUZEN**

« L'océan, un monde invisible d'une richesse extraordinaire »

Agathe Euzen assure être « davantage spécialiste de l'eau douce », avant d'ajouter, presque malicieuse : « je mets mon grain de sel parce que l'océan me parle ». Cette scientifique reconnue est responsable de la cellule Eau et directrice adjointe de l'institut Écologie et environnement (INEE) au CNRS ainsi que membre de plusieurs conseils scientifiques dans le domaine de l'eau et de l'environnement. Ses interventions à des conférences internationales (notamment à l'ONU), ses articles scientifiques et les ouvrages qu'elle a publiés sont des références dans les domaines de l'eau, de l'océan et de l'adaptation au changement climatique. Chercheuse en anthropologie et en sciences de l'environnement, elle s'interroge notamment sur les perceptions, les pratiques et les comportements dans le domaine de l'eau et sur les problématiques d'environnement et de développement durable. Un témoignage instructif, concret et loin d'être dénué de passion.

« L'océan, c'est un monde invisible d'une richesse extraordinaire. Ses couleurs, ses formes et ses écosystèmes sont singuliers. Ils sont l'expression de la vie que j'aime à voir et qui rend humble. Pratiquant la plongée sous-marine et l'apnée, j'aime être en communion avec l'élément, être au milieu de cette vie spécifique qui est invisible quand on regarde à la surface.

C'est un moment de bien-être personnel où je me ressource. L'océan est indispensable au fonctionnement même du "système Terre" et à la régulation du climat. Le connaître de l'intérieur permet de rendre encore plus évidentes ses vulnérabilités, la nécessité d'en prendre soin, de le préserver. Paradoxalement, nous savons mieux ce qu'il y a sur la lune que ce qu'il y a au fond des océans. Il est donc indispensable d'approfondir les connaissances de cet invisible, non pas pour exploiter ses richesses mais pour les reconnaître et respecter leurs fonctionnalités.

« Considérer cet élément vital comme un bien commun »

S'il s'agit d'un domaine d'étude aussi vaste pour les scientifiques, c'est parce que l'océan nécessite d'être appréhendé sous des angles extrêmement variés et par le prisme de disciplines complémentaires afin qu'il puisse être compris dans toutes ses dimensions. Les points de vue océanographique, écologique, culturel, historique – dans les représentations et les mythes qu'il véhicule – offrent ainsi une diversité d'approches nécessaire à la compréhension de la complexité des mers et océans. Chaque société établit des relations spécifiques avec les éléments via sa structuration, ses identités individuelles, collectives, son organisation sociale, conditionnant ainsi l'usage qu'on peut en faire et la façon dont on va les percevoir. Une relation individuelle et intime se construit donc à partir d'une culture, d'une civilisation tournée ou non vers l'océan et tout ce qu'elle véhicule dans ses imaginaires, ses représentations mais aussi ses fantasmes. Cela peut conditionner la volonté d'explorer et de découvrir au-delà des limites que l'on voit depuis la terre. Et c'est ce qui a participé à la découverte du monde de façon globale.

L'océan concentre une grande partie des espèces qui ne sont pas encore connues. Leur biodiversité est loin d'avoir été entièrement dévoilée. Nous ne savons pas forcément tout ce qu'il se passe derrière les grandes espèces, leurs interactions, les différents milieux dans lesquels elles évoluent. Par ailleurs, il reste aussi à connaître l'impact précis des activités humaines et de nos infrastructures sur la biodiversité. C'est un objet de recherche très ancien qui mobilise de nombreux chercheurs, et les approches se sont diversifiées au fil du temps. Elles s'inscrivent dans la compréhension globale de la "planète bleue" avec ses courants, ses dynamiques, ses interactions avec l'air, l'eau douce et la Terre. L'océan a été un enjeu d'exploration, de découverte, de migration, de conflits aussi, qui concentre des ressources à exploiter d'une grande richesse. La diversité des valeurs – symboliques, économiques, culturelles, sociales, écologiques – implique un grand nombre d'enjeux, ce qui amène à considérer cet élément vital comme un bien commun.

Les populations se sont tournées récemment vers les océans avec une dimension plus récréative. C'est une forme d'ouverture à un espace qui reste un peu inquiétant et dont on ne voit que la surface, pas forcément les limites et encore moins ce qui se passe dessous. Cette forme de

Image réalisée dans le cadre du projet Privarc. Son but est de quantifier les effets anthropiques sur les écosystèmes benthiques arctiques, et notamment le renouvellement des populations de bivalves, en étudiant les retards à la métamorphose de ces derniers.

mystère nourrit les imaginaires et contribue à susciter la fascination mais aussi un attachement des sociétés pour ce milieu et ce qu'il représente. Le grand public connaît l'océan via ses espèces emblématiques mais pas forcément dans sa complexité et dans l'ensemble de ses fonctionnalités. Or, ce sont des aspects qui méritent d'être davantage partagés. Car c'est dans la continuité des interactions entre les différents éléments – le lien avec l'eau douce, avec le climat – que nous prendrons conscience de leur vulnérabilité. »

EN BREF

Née le 27 mars 1972

2002 : Doctorat à l'École des Ponts ParisTech

2017 : Co-directrice de *L'océan à découvert* (CNRS Éditions)

Depuis 2003 : Chercheuse au CNRS

Depuis 2021 : Responsable de la cellule Eau au CNRS

Depuis 2022 : Co-directrice du programme OneWater – Eau bien commun

L'ORÉAL
PARIS
L'ORÉAL
PARIS

MAUD **FONTENOY**

« La mer nous force à être meilleurs »

Une poignée de jours avant notre entretien, Maud Fontenoy et ses quatre enfants profitaient de la quiétude offerte par le large, à Port-Cros (Var). Après une enfance sur le pont d'une goélette et une multitude d'aventures à la rame à travers les océans, Maud Fontenoy est devenue une voix qui porte quand il s'agit de la préservation des écosystèmes marins. Le dernier de ses 26 ouvrages, *Femmes océanes*, raconte le parcours de ces femmes téméraires qui, au fil de l'histoire, se sont battues pour se faire une place à bord. « Le lien entre toutes, c'est ce goût de l'aventure, de l'exploration et de la liberté », rappelle Maud Fontenoy, heureuse de poursuivre leur combat et de se battre, en mer comme sur terre, afin de protéger les océans.

« J'avais à peine 7 jours quand je suis partie en mer pour la première fois. Pendant mes quinze premières années, aux côtés de mes parents, j'ai passé plus de temps sur un bateau que sur la terre ferme. J'ai grandi avec l'océan, tissé un lien avec lui depuis ma tendre enfance et éprouvé pour lui un amour profond, presque charnel. J'ai connu plusieurs océans à travers mon existence. Il y a donc celui de mon enfance : un océan maternel, protecteur, silencieux, apaisant, celui qu'on arpentait en famille. J'ai des souvenirs de nage autour du bateau, à 3 ans, parce que mes parents voulaient que j'apprenne à nager très tôt. Plus tard, j'accompagnais mon père faire de la chasse sous-marine. On mangeait ce que la mer nous offrait, on dépendait et on vivait d'elle.

« La nécessité d'y être vrai et humble »

J'ai connu ensuite un autre océan, celui de mes aventures au large. Ce sont les premières tempêtes, les mers qui se déchaînent… Je pensais que la mer ne pouvait être que protectrice ; je la découvrais agressive et dangereuse. J'ai appris à m'attacher à ces deux facettes. J'aime sa virilité, le fait qu'elle refuse les faux-semblants et les grands discours, la nécessité d'y être vrai et humble. La mer ne fait pas de cadeau, certes, mais elle nous force à être meilleurs. On lui doit tout : c'est là, au sein de cet espace protecteur et nourricier, que la vie est née il y a trois milliards d'années.

L'océan agit comme un révélateur : il révèle votre capacité à garder votre calme, à faire preuve de résistance, à ne rien lâcher. Il vous teste tous les jours, s'amuse à vous autoriser ou pas à conserver votre trajectoire, s'attache à effacer les petites traces de votre passage. Traverser un océan, c'est s'exposer au rappel constant de notre petitesse en tant qu'humain. Je l'ai cruellement constaté à bord de mon bateau à la rame, lorsque celui-ci s'est renversé 17 fois en une nuit à cause de vagues de plus de 10 mètres ! Un marin qui décide de s'engager au large doit à la fois prendre conscience de son extrême fragilité et faire preuve d'une force extraordinaire. La disparité y est immense entre la vulnérabilité de l'homme et sa capacité à réaliser des rêves qui le dépassent.

Traversée de l'Atlantique, 2003

« Les océans, des géants aux pieds d'argile »

L'océan n'est que beauté. Je pense spontanément aux réserves naturelles de Polynésie, à la biodiversité de la Méditerranée, aux ciels étoilés magnifiques que j'ai pu voir au large, à ces baleines qui sont un jour venues autour de ma petite embarcation à rame, à ce calme fascinant quand la mer s'apaise après une violente tempête… Pour défendre et protéger un milieu, il faut le connaître et l'aimer. Les océans sont cruciaux pour l'équilibre de la Terre. Ce sont des géants aux pieds d'argile.

Je me souviens, lors de mes aventures, d'avoir ramé au milieu d'une nappe d'hydrocarbure au milieu de l'océan, ou encore d'avoir croisé un frigo qui dérivait au large de l'Antarctique. Se retrouver confrontée aux stigmates de notre vie terrestre au milieu de nulle part, c'est rageant.

Cela pousse à agir : je crois que la mer te remet sur terre pour qu'à ton tour, tu lui redonnes tout ce qu'elle t'a offert. L'urbanisation des côtes, la diminution des populations de poissons, le réchauffement de la température de l'eau… On constate tous l'urgence de la situation. L'océan, c'est la raison pour laquelle on respire, c'est la marmite de l'humanité, c'est sa trousse de pharmacie pour demain, c'est un outil pour la régulation des climats.

Préserver les océans, cela relève presque d'une démarche égoïste, tant leurs apports nous sont indispensables. J'ai créé ma fondation il y a plus de 15 ans pour sensibiliser les jeunes générations à ces questions et pousser chacun à agir. L'éducation des plus jeunes est un des meilleurs leviers d'action, à condition de réussir à leur montrer le lien qui unit chacun d'eux à l'océan, quel que soit l'endroit où ils résident. C'est passionnant d'éduquer, d'instruire par l'océan, de rappeler que nous vivons sur une planète bleue, une planète d'eau. On peut s'étonner de dépenser bien plus pour étudier l'espace plutôt que nos fonds marins, que l'on connaît pourtant si mal.

EN BREF

Née le 7 septembre 1977 à Meaux (Seine-et-Marne)

2003 : Traversée de l'Atlantique à la rame d'ouest en est, de Saint-Pierre-et-Miquelon à La Corogne (117 jours)

2005 : Traversée du Pacifique Sud à la rame, du Pérou à la Polynésie française (72 jours)

2006 : Tour du monde à la voile et à contre-courant, de La Réunion à La Réunion (151 jours)

2008 : Création de la Maud Fontenoy Fondation

2009 : Nommée porte-parole pour les océans de l'Unesco

2008 à 2014 : Vice-présidente du Conservatoire du littoral

Tour du monde à la voile et à contre-courant, 2007

J'aime le principe de la "part du colibri", chère à Pierre Rabhi. Chaque petit geste, chaque action permet d'avancer face à l'urgence de la situation. C'est exactement comme mes petits coups de rame qui, un par un, ont tous leur utilité pour m'aider à traverser l'océan. Au fil des années, les échanges que j'ai pu avoir auprès des jeunes publics ont parfois suscité des vocations et toujours une forme d'éveil. Une prise de conscience globale, si précieuse au regard de l'immense défi que nous devons affronter. »

SVR

FRANÇOIS **GABART**

« L'océan, l'idée d'une passion absolue et infinie »

C'est l'un des plus beaux palmarès de la course au large. Vendée Globe (2016), Route du Rhum (2014), Transat Jacques-Vabre (2015), record du tour du monde en solitaire (2017)… Rien n'a résisté à François Gabart, à peine 40 ans, petit prince des océans devenu grand et référence de la discipline. Le skipper s'est imposé comme une figure dont l'aura dépasse les pontons, une voix écoutée lorsqu'il est question de la nécessité d'agir sur le plan environnemental. Ses talents d'ingénieur lui permettent de réfléchir autant aux bateaux de compétition qu'au transport maritime de demain, décarboné et plus vertueux, à l'image du trimaran *VELA* que sa start-up a pensé et conçu. Skipper, ingénieur, chef d'entreprise, porte-voix, François Gabart reste un marin. L'océan fait office de trait d'union entre ses challenges, comme une évidence.

« La mer et l'océan font profondément partie de ma vie et de mon équilibre. Il y a un lien presque physique, quasi charnel et le manque se ressent dès que j'en suis un peu éloigné. Pourtant, je n'ai pas toujours été près de la mer. J'ai grandi en Charente dans les vignes mais nous passions, avec mes parents et mes sœurs, beaucoup de temps en mer pendant les vacances et nous avons traversé l'Atlantique ensemble quand j'avais 6 ans. De cette aventure familiale, il me reste certes des images, mais ce sont les sensations qui sont les plus prégnantes. Dès que je remonte sur un bateau et encore plus en croisière, je retrouve ces sensations uniques. Cette ambiance très particulière, le fait d'entendre le clapotis sur la coque, le vent, les vagues, la perception du mouvement, les odeurs et les bruits aussi.

Trimaran MACIF,
Port-la-Forêt, 2017

« Les mers et les océans, tout sauf des frontières »

J'ai donc découvert la mer en croisière et j'ai adoré cette possibilité de vivre sur l'eau, de se déplacer, de voyager. En nous mettant sur des bateaux aussi jeunes, mes parents nous ont montré que les mers et les océans sont tout sauf des frontières. Ce sont des axes de mobilité qui contribuent aux échanges, ce sont des lieux propices aux voyages et à la découverte. L'expérience est chaque fois différente si on se baigne, si on est sur une planche, un dériveur, un bateau de croisière ou un trimaran…

Pourtant, il y a toujours des points communs, une ambiance, une atmosphère, la sensation de pénétrer un univers à part. En tant que compétiteur, j'aime forcément aller vite mais je prends aussi beaucoup de plaisir à me retrouver sur des bateaux moins rapides, à ressentir la navigation de façon différente. Nous, les marins, nous avons tous une responsabilité et un rôle à jouer pour la préservation de l'océan et de la planète. J'ai toujours essayé, dans les divers projets dans lesquels j'ai été impliqué, de savoir où je peux avoir le plus de valeur ajoutée, où et comment je peux être le plus utile.

« Ça ne se quantifie pas, ça ne se mesure pas »

Mes engagements comme mes différents challenges sont liés à mon rapport à la mer et l'océan. C'est quelque chose de très fort qui est difficile à expliquer, à décrire. Ça se ressent, ça se constate et ça s'impose comme une continuité dans ma vie, comme une évidence. En vieillissant, peut-être que j'essaie de mettre davantage de rationnel, de mettre cette passion davantage en perspective. La passion se modifie grâce à de multiples évolutions, elle n'est plus vraiment la même à 40 ans qu'à 10 ans. S'il est difficile de trouver les mots, ça l'est tout autant, en tant qu'ingénieur, d'y mettre des chiffres : ça ne se quantifie pas vraiment, ça ne se mesure pas. Il y a dans ce lien à la mer et à l'océan une idée d'absolu, d'infini, de très fort et de très puissant. Et je me rends compte que, dans ma vie, je ne m'en suis jamais éloigné trop longtemps. »

EN BREF

Né le 23 mars 1983 à Saint-Michel (Charente)

2013 : Vainqueur du Vendée Globe (en 78 jours)

2014 : Vainqueur de la Route du Rhum

2015 : Vainqueur de la Transat Jacques-Vabre

2016 : Vainqueur de la Transat anglaise

2017 : Recordman du tour du monde en solitaire (en 42 jours, 16 heures, 40 minutes)

Trimaran *SVR-Lazartigue*, 2022

PLASTI

GWÉNOLÉ **GAHINET**

« Déconnecter pour vivre éveillé »

Gwénolé a connu la trajectoire rêvée de ces marins qui multiplient les courses sans compter. Fils d'un skipper reconnu, né en bord de mer en Bretagne, il a grandi en rêvant de bateaux de course puis s'est formé comme ingénieur. Ensuite, il y a eu la compétition, la brillante victoire à la Mini-Transat en 2011, la Transat AG2R remportée avec Paul Meilhat en 2014 et ce record autour du monde en équipage (Trophée Jules-Verne) obtenu avec Francis Joyon en 2017 et qui tient toujours. Pourtant, le skipper a souhaité prendre du recul, découvrir le monde différemment. En 2021, il décide de s'élancer pour un voyage autour du monde avec Anne-Laure, sa femme, et leurs deux filles (âgées de 5 et 7 ans en 2023). Une ode au temps long, à la rencontre, à l'hédonisme et au partage en famille.

EN BREF

Né le 1er janvier 1984 à La Trinité-sur-Mer

2011 : Vainqueur de la Mini-Transat

2014 : 1er bizuth de la Solitaire du Figaro

2014 : Vainqueur de la Transat AG2R avec Paul Meilhat

2017 : Détenteur du record du monde en équipage (Trophée Jules-Verne) avec Francis Joyon

2021 : Début de son tour du monde en famille

« Pendant le Trophée Jules-Verne, tu as l'occasion d'échanger avec les marins, d'apprendre à mieux les connaître, à saisir leur vision de la mer. C'est le cas avec Francis Joyon : s'il a une grande expérience de la course au large, c'est aussi un marin qui a fait beaucoup de croisières. Il a des histoires passionnantes et j'en ai entendu quelques-unes. La tentative d'un Trophée Jules-Verne, c'est très particulier : d'un côté tu vas très vite et tu ne t'arrêtes nulle part, de l'autre tu restes à bord 40 jours et tu as le temps d'être marqué par certains panoramas, d'observer l'océan, la faune sauvage, le grand Sud…

Le rapport au temps a toujours été une question centrale pour moi. Je préfère d'ailleurs les courses longues parce qu'elles instaurent un rapport particulier dans le contact avec la mer, avec les océans. Cette tentative de record a semé dans mon esprit des petites graines en vue de notre tour du monde familial. Pendant le record, on en parlait par téléphone avec Anne-Laure, ma femme. Ce désir de partir en famille est progressivement devenu une certitude. On avait envie de prendre le temps, d'observer tout ce que le monde et l'océan ont à offrir.

« Trouver sa place dans un écosystème »

À mon retour, le projet a pris corps. Fin 2018, après la naissance de Cléo, notre deuxième fille, on a trouvé un monocoque aux Antilles et on est partis un mois et demi en Martinique puis aux îles Grenadines. On a adoré l'expérience, on s'est sentis hyper bien, en famille et sur l'eau. Partir sur un bateau implique de s'éloigner de la civilisation. De déconnecter pour reconnecter avec la nature. À chaque mouillage, tu as tout un panel d'activités à portée de main. Tout est simple, à condition de savoir trouver sa place, puisque tu t'installes dans un écosystème en tant que visiteur. Ce mode de vie nomade impose de s'adapter et d'être à l'écoute de tout : des animaux, de la météo, des populations locales... On vit nos passions – l'océan, la glisse, la navigation – sans qu'elles soient réduites à un espace-temps, aux week-ends ou aux vacances. C'est simplement devenu notre quotidien.

En rentrant en métropole, on a pris notre temps avant de trouver le bon bateau. Notre choix s'est porté sur un catamaran parce que ça permettait d'avoir un peu de place en famille mais aussi parce qu'on voulait accueillir des gens qui avaient des projets sportifs ou artistiques. Après quelques déconvenues, on a trouvé un catamaran en contreplaqué époxy, ça nous plaisait qu'il soit léger et assez *low tech* comparé à un bateau de course. On l'a refait pendant près d'un an avant de partir.

« Transmettre, un bonheur au quotidien »

Au départ, nous avons réalisé une mission d'accompagnement de la Mini-Transat en 2021. Nous avons sillonné les Petites Antilles avant de rentrer en Bretagne pour l'été 2022. Ce premier tour en Atlantique nous a permis de poser les bases et d'acquérir la certitude que nous voulions repartir pour du long terme dans le Pacifique. Nous sommes repartis en octobre vers le Mexique en embarquant des amis qui ont mené là-bas une expérience en autonomie dans le désert de Baja California. Nous avons ensuite passé deux mois au Bélize et au Honduras. Début 2022, ce sont les îles San Blas au Panama qui nous ont conquis. Nous y avons fait la rencontre des indiens Kuna, un peuple de 50 communautés qui se répartit sur 360 îles. Ils vivent de façon très simple, dans de petites cabanes, et se sont battu afin de protéger leur territoire et interdire toute arrivée d'investisseurs étrangers.

Partir en mer en famille ressemble finalement à une course en solitaire : tu te retrouves seul face à toi-même. L'espace est petit, les échappatoires sont rares et tu n'as pas l'option de “diluer” les soucis en quittant la maison. Cela oblige à se confronter aux problèmes. La première année de notre tour du monde, on a ressenti ce besoin fort de parler, d'échanger, de

Instantanés de la famille Gahinet à travers le monde

comprendre les besoins de chacun. Nous sommes depuis rentrés dans une forme de routine. C'est un bonheur au quotidien de transmettre à nos filles, de voir qu'elles comprennent et vivent ce que j'ai toujours ressenti au contact de l'océan. On se rend compte que l'essentiel réside dans l'éducation, dans le fait de s'octroyer ensemble des moments de qualité. Le vécu commun est impressionnant : en un an et demi à bord, on a l'impression d'avoir vécu l'équivalent de 15 ans de vie de famille à terre !

« Expérimenter un mode de vie plus sobre »

Ce voyage est aussi une étape vers un mode de vie que nous souhaitons plus raisonnable et cohérent avec l'état de notre planète. Nous adaptons nos besoins à nos réserves d'eau, à l'ensoleillement, nous nous prenons au jeu de la cuisson solaire, de l'utilisation du vent pour se déplacer… Cette expérience nous motive à préparer un projet de vie innovant pour notre retour en Bretagne. Nous aimerions une petite maison, bien isolée, autonome en énergie, avec une serre pour reproduire le climat tropical à l'intersaison...

Parfois, on me demande si je ne vais pas regretter de rater des courses importantes, un Vendée Globe par exemple. Mais avec un peu de recul, ça me paraît logique de vivre différemment ma passion. Peut-être qu'un jour, dans quelques années, j'aurai envie de refaire de la course au large. J'ai surtout réalisé que la passion de la mer se nourrit constamment de découvertes, de rencontres, de lieux qui nous sont inédits, de nouveautés, et que cela semble illimité. C'est dur d'avoir des regrets quand on part en voyage avec les gens qu'on aime ! »

FRANÇOISE **GAILL**

« L'océan a la capacité de nous surprendre »

Un sourire, une voix douce et une passion chevillée au corps. Françoise Gaill a passé une grande partie de sa vie à la compréhension et à la vulgarisation des processus liés à l'océan. Dans sa jeunesse, elle s'épanouissait davantage à contempler la nature que sur les bancs de l'école. La découverte de l'océan, des sensations qu'il procure, la convaincront de travailler dans ce domaine. Scientifique, elle s'est spécialisée dans l'étude des écosystèmes marins profonds, découvrant un autre monde et des formes de vie inconnues jusqu'alors. La scientifique fait partie des rares témoins de l'histoire de l'exploration sous-marine, elle qui a participé aux premières campagnes menées dans le golfe de Gascogne. Elle est aussi devenue une voix militant pour l'océan et sa préservation, contribuant à placer ses enjeux au cœur du débat public.

« J'ai d'abord eu un goût pour le voyage, pour la Bretagne, mais le vrai déclic a eu lieu en 1968, quand je suis partie en bateau et que j'ai observé le vivant dans une goutte d'eau de mer au microscope. J'ai ressenti un bonheur immodéré, celui de découvrir une immensité dans le minuscule. En mer, le plaisir est davantage physique qu'intellectuel : on a le sentiment d'être en mouvement, de filer sur l'eau, d'appréhender de nouvelles sensations. La mer m'apaise, elle a ce côté infini et non humain dont j'ai besoin. Lors des campagnes sur des grands bateaux auxquelles j'ai pu participer, on découvre d'abord la nécessité d'instituer des règles de vie, un ordre. L'espace est limité, il y a donc des contraintes de respect, de distance à l'autre, d'occupation de l'espace, bien différentes de celles qu'impose la vie sociale à terre. Impossible de s'emporter, on se doit de réguler sa propre énergie afin de ne pas engendrer de tensions nocives pour la communauté.

« Des formes de vie inimaginables »

La plongée à bord d'un petit sous-marin – une sphère de deux mètres de diamètre – appelle elle aussi à une économie d'énergie. Elle engendre une excitation intellectuelle à l'idée de découvrir un monde inconnu que personne d'autre ne peut explorer, d'aller trouver la beauté au fond de l'océan tout en ressentant une forme de lévitation. On ne voit rien pendant la descente, sinon des étoiles fluorescentes parfois, et puis tout d'un coup les lumières s'allument. Elles mettent en évidence des formes de vie inimaginables, des oasis de vie, et on s'étonne que le vivant puisse être aussi créateur.

Je garde notamment en mémoire les cheminées hydrothermales qui crachent de la fumée noire, comme des petits volcans. Quand on regarde de plus près, on observe des animaux qui n'arrêtent pas de rentrer et sortir de leur cuve. On les appelle les vers de Pompéi. Et c'est incroyable qu'ils puissent vivre dans des zones pareilles ! Je me souviens aussi de grands vers rouge vif qui vivent dans des tubes blancs immaculés. Ils forment des bouquets de fleurs, très esthétiques et tout aussi inimaginables. C'était dans le Pacifique, un océan que j'apprécie beaucoup, d'autant que les populations et les cultures n'y font pas la distinction entre la terre et la mer. Ils cultivent un rapport intime avec l'océan, à l'instar des Polynésiens et de leur concept du *rahui* (un modèle ancestral qui définit des réserves où l'homme n'a pas le droit de pénétrer).

« Pour l'océan, il est possible de s'entendre »

À un moment de ma carrière de chercheure au CNRS, j'avais envie de travailler autrement pour l'océan. J'ai toujours été du côté académique mais je ne connaissais pas la société civile, le privé, l'administration étatique... Je suis devenue directrice du département Environnement et développement durable, j'ai créé l'Institut Écologie et Environnement, je me suis investie avec Tara et j'ai compris l'importance de traduire le langage scientifique afin qu'il soit abordable pour le plus grand nombre. Il convient de combattre les angoisses, de donner l'envie de comprendre, d'être curieux. L'océan est en ce sens emblématique : on n'en connaît pratiquement rien, c'est vraiment le dernier espace naturel de la Terre. Cela passe par le ressenti, aussi : être sur l'eau, sous l'eau, c'est une façon de se l'approprier, une manière de "savoir être" dans le monde.

Afin de favoriser une meilleure prise en compte de l'océan, nous avons créé la plateforme Océan & Climat au moment de la Cop 21. Le Grenelle de la mer a contribué à structurer une "communauté Océan" en France. Je suis agacée que la prise en compte de la science ait été aussi tardive. Néanmoins, alors que les conflits géostratégiques mettent à mal notre rapport au multilatéralisme, il est compréhensible que le temps de la prise de décision étatique soit long, qu'il faille quinze ans de travail pour aboutir à un accord aux Nations Unies. Cela dit, les récentes avancées démontrent qu'il est possible de s'entendre, notamment pour réguler l'accès aux ressources en haute mer.

Image réalisée dans le cadre du programme Matisse, qui a pour objectif de comparer les données environnementales mesurées dans l'océan Atlantique autour de Saint-Pierre-et-Miquelon, et la croissance des coquillages qui y vivent. Les variations de comportement et de croissance de ces mollusques permettent d'anticiper de futures évolutions climatiques.

« Tout un monde encore à découvrir »

EN BREF

Née le 11 janvier 1948

1968 : Stage à la station de biologie marine de Roscoff

1973 : Intègre le CNRS au laboratoire de biologie des invertébrés marins

1982 : Première plongée dans les grands fonds

2008 : Dirige le département Environnement et développement durable du CNRS

2013 : Entre au comité scientifique et au conseil d'administration de la Fondation Tara Océan

2014 : Co-fonde la plateforme Océan & Climat

2016 : Conseillère scientifique Océan de l'Institut Écologie et Environnement (INEE) du CNRS

Mon expérience des campagnes océanographiques, la nécessité de prendre son temps pour déployer des expérimentations, des analyses, le fait d'être tributaire d'un navire et de sous-marins, tout cela m'a beaucoup appris à travailler avec les pouvoirs publics. Ce qui m'anime, c'est la passion que j'ai pour l'océan. Ce n'est pas seulement un objet d'étude, c'est un élément que j'aime. Si la neutralité est nécessaire dans le raisonnement scientifique, ce n'est pas le cas dans la vie.

Par ailleurs, l'océan et le vivant montrent une formidable capacité à nous surprendre. J'ai été marquée toute ma vie par un constat que j'avais fait lorsque l'Amoco Cadiz s'était échoué. J'étudiais les espèces et j'étais persuadée des conséquences dramatiques de cette pollution. Pourtant, j'ai pu constater que le vivant avait été capable de maintenir sa présence, qu'il avait une capacité de régénération, contrairement à mon hypothèse initiale.
Nous étions persuadés qu'il ne pouvait y avoir d'espèces végétales dans les sources hydrothermales en l'absence de photosynthèse (qui transforme l'énergie lumineuse en énergie chimique). Or, des organismes vivants peuvent aussi dépendre de la "chimiosynthèse", de l'énergie de la Terre et des sulfures qui en émanent…
L'océan est loin de nous avoir livré tous ses secrets. 10 % seulement des fonds marins ont été cartographiés à l'échelle du kilomètre. Et puis il reste une zone vraiment inconnue, c'est l'entre-deux, entre la surface et le fond. On ne sait pas comment les espèces circulent, comment cela fonctionne… C'est parce qu'il reste tout un monde à découvrir que nous souhaitons créer l'IPOS (International Panel for Ocean Sustainability). »

ÉTIENNE **GARCIA**

« Aller plus loin, au-delà de l'horizon »

Il fait partie des rares Français à savoir naviguer dans les glaces. Étienne Garcia, adepte des grands espaces et féru de voile depuis son plus jeune âge, a été le premier à mener un bateau de croisière sous pavillon français par le mythique passage du Nord-Ouest, au cœur de l'océan Arctique, et à atteindre le pôle Nord géographique avec un navire à passagers (le *Commandant-Charcot*). Chez Ponant, la prestigieuse compagnie de croisière aux treize bateaux de capacité modeste, ce passionné de nature, photographe à ses heures et contemplateur de toujours, a passé sa vie sur les mers et les océans du globe, des tropiques aux pôles. Il raconte des navigations jamais similaires, un goût prononcé pour la découverte et un émerveillement toujours aussi intense à savourer les interactions constantes avec l'océan et le monde animal.

« C'est la voile qui m'a fait aimer la mer. Mes parents m'avaient inscrit dans un camp de voile, en Bretagne, alors que j'avais une dizaine d'années. Il y avait des cours théoriques le soir et on mettait en pratique la technique du dériveur la journée. Ça a été une révélation, comme un sacerdoce que je n'ai plus jamais quitté. J'y retournais tous les étés avec mes parents et je me disais qu'un jour, je ferais un tour du monde. Je suis né en Anjou, là où avaient vécu la famille d'Éric Tabarly et quelques autres marins, au bord de la Loire. Mes dix premières années, on les a passées en Afrique du Nord. J'avais déjà une certaine idée du voyage, je me souviens des marches que l'on faisait dans le désert et de mon attrait pour les grands espaces. La mer, ce sont donc les souvenirs des vacances familiales, chez mes cousins qui étaient installés à La Turballe, un fief de pêcheurs tourné vers l'océan.

« Une vie à la Corto Maltese »

Ensuite, je n'ai jamais arrêté de faire de la voile, du dériveur, de skipper des bateaux, et c'est naturellement que je me suis tourné vers la marine marchande. Ma passion d'alors, c'était les bateaux en général. Je voulais devenir pêcheur – je me souviens d'un livre, *Le grand métier,*

Le *Commandant-Charcot* dans les glaces du Groenland

journal d'un capitaine de pêche – mais mon père m'en a dissuadé pour poursuivre mes études a minima. Au lieu de suivre un cursus académique, j'ai eu un parcours hors des sentiers battus. J'ai embarqué comme matelot sur des cargos. On acheminait des marchandises de l'Afrique au Moyen-Orient, on prenait le temps dans les escales, je me familiarisais avec cet univers. C'était ce dont j'avais rêvé, une vie à la Corto Maltese. Chaque navigation était une invitation au voyage, à la rencontre, la découverte.

Mais le métier a évolué : on a eu moins de temps, le transport s'est conteneurisé et j'ai décidé de me tourner vers les paquebots de croisière. C'était plus en accord avec ce que je suis, l'idée de partager la navigation et l'importance de prendre le temps. Je ne me mesure pas aux grands navigateurs qui ont forgé l'histoire mais j'apprécie que le métier soit synonyme de découverte, qu'il y ait toujours une idée d'aventure. C'est ce que j'ai retrouvé avec Ponant, une forme de liberté à sillonner les mers, à aller parfois là où peu de navires se rendent. C'est le cœur de mon métier.

« Ces rencontres qui transcendent »

J'ai eu la chance d'évoluer sous les tropiques, de l'océan Indien au Pacifique, de naviguer à bord du *Paul-Gauguin*, du *Club Med 2* jusqu'en Nouvelle-Calédonie… Avec Ponant, j'ai découvert le "polaire" et ce qu'il pouvait offrir. L'Antarctique, le Spitzberg, le Groenland… Je réunissais tout ce qui me motivait, tous mes désirs d'enfant : la navigation, l'attrait pour les grands espaces, l'immersion au cœur de la nature, le contact avec le monde animalier. L'émerveillement est total à chaque rencontre, parce qu'elle est unique, parce que c'est le cadeau que nous offre la nature. Je me souviens, lors de mon premier passage en Antarctique, de cette baleine à bosse qui est sortie de l'eau devant le bateau dans le détroit de Bransfield, de la première rencontre avec l'ours polaire en Arctique, ce grand vagabond solitaire qui se laisse si rarement admirer. À chaque fois, ça me transcende. C'est rare d'être le témoin de cette faune sauvage, on se sent extrêmement privilégié.

EN BREF

Né le 29 mai 1962

1983-1989 : Matelot puis officier sur des navires de fret, des porte-conteneurs et des ferrys

1990-2000 : Officier et second capitaine à bord du *Club Med 1*, du *Club Med 2* et du *Paul-Gauguin*

2000 : 1er commandement sur le paquebot *Mistral*

Depuis 2005 : Commandant à bord des navires de croisières d'exploration de Ponant

2013 : Premier passage du Nord-Ouest d'un navire de commerce français (le *Soléal*)

2021 : Premier navire français à avoir atteint le pôle Nord géographique (le *Commandant-Charcot*)

En termes de paysages, il y a les immenses glaciers du Groenland, ces paysages alpins, ces chaînes de montagnes écorchées qui tombent dans la mer. Dans l'est du Groenland, il reste deux communautés importantes d'une centaine de personnes avec lesquelles les rencontres sont à la fois enrichissantes et inestimables. Elles ont conservé leur authenticité, leur lien avec la nature, leur volonté farouche de la préserver. J'ai perçu, dans leurs regards, leurs attitudes, la même fraîcheur et la même sincérité, peut-être légèrement candide, que j'avais vues chez les habitants des îles Marquises vingt ans plus tôt. Et puis il y a l'Antarctique et sa faune exubérante. Le paysage polaire n'y est jamais figé et ennuyeux. Tout évolue : le type de glace, sa concentration, la lumière, le décor… La contemplation est totale.

« Une apothéose, un bien-être décuplé »

Le bateau, c'est un moyen d'aller voir plus loin, au-delà de l'horizon, et c'est aussi l'occasion de se retrouver, parfois seul. J'aime être à la passerelle et juste observer la mer… Lorsqu'on progresse dans les glaces, comme ça a été le cas à bord du *Commandant-Charcot*, la sensation est très étrange, presque spirituelle. C'est étonnant pour un marin de ne plus voir l'élément liquide… Heureusement qu'Archimède nous rappelle qu'on est bien sur l'eau et qu'on flotte ! L'impression, c'est celle d'une apothéose qui nourrit l'âme, un bien-être décuplé.

"Ce sentiment agréable où en toute sérénité on se sent bien là où on avait rêvé d'être", disait Jean-Louis Étienne, et c'est le meilleur des résumés. Pour faire face au stress, à la concentration et à la technique que nécessite la navigation dans les glaces, il ne peut y avoir que de l'envie et de la passion, une certaine forme d'amour qui vous permet de faire corps, de tisser cette relation intime avec l'océan. Il m'arrive, à bord, de mettre de la musique de film, des compositions de Hans Zimmer, des airs qui vous emportent et connectent un peu plus l'esprit avec cet environnement magique. »

AYMERIC **GIBET**

« À bord du Belem, transmettre l'histoire »

Il est à la barre d'un bateau qui a longtemps été un trait d'union entre l'Europe, les Antilles et l'Amérique latine. Le *Belem*, un trois-mâts de légende sorti de chantier en 1887, capable de transporter jusqu'à 675 tonnes de chargement, rescapé de l'éruption de la montagne Pelée en Martinique (1902) et du temps qui passe. Navire école depuis 1979, classé monument historique depuis 1984, ses 58 mètres et 1200 m^2 de voilure sont un morceau de l'histoire maritime que des passionnés s'attachent à faire perdurer. Parmi eux, l'actuel capitaine du bateau, Aymeric Gibet. Sa vie sur l'océan, il la doit à la transmission familiale et au goût du voyage, sur ces gros bateaux qui émerveillent les enfants et interrogent notre rapport au temps et à l'espace.

« La mer, c'était avant tout le lieu de travail de mon papa. Il était officier de la marine marchande, chef mécanicien et partait plusieurs mois travailler sur les bateaux. J'ai appréhendé la mer comme les enfants qui grandissent au bord du littoral, avec la plage qui fait partie de mon jardin et le fait que ça puisse être aussi un lieu de travail et un lieu de vie. Imaginer embarquer sur des bateaux de 300 à 350 mètres de long, vers des destinations lointaines, ça faisait rêver et un peu peur aussi. Notre père partait souvent même si je me rappelle les cadeaux et les petits souvenirs qu'il nous rapportait. C'était un peu Noël à chaque fois qu'il revenait.

EN BREF

Né le 30 mai 1980 à Nantes
De 2000 à 2004 : École Nationale de la Marine Marchande à Marseille
2004 : Première navigation à bord du *Belem* (lieutenant)
De 2004 à 2005 : Lieutenant machine à la Brittany Ferries
De 2005 à 2008 : Officier Pont Compagnie de Ponant
2008 : Second capitaine à bord du *Belem*
De 2011 à 2014 : Lieutenant câbliers Orange Marine
Depuis mai 2016 : Capitaine du *Belem*

« Découvrir des ports et de nouveaux décors »

Avec le temps, il m'a transmis sa passion. Quand je lui ai fait part de mon intérêt pour ce type de profession, il m'a rappelé ce que disaient les anciens, que c'était mieux avant, qu'il y avait de moins en moins de Français parmi les équipages... Moi, j'envisageais cela comme un métier rémunérateur, l'occasion de découvrir le monde et d'avoir plusieurs mois de congés aussi *(rires)*. Ma première navigation longue, j'étais élève officier et je suis parti quatre mois

et demi sur un cargo. Au total, je n'avais passé que dix jours à quai. Je n'avais pas vraiment accroché parce que je n'avais rien à raconter, je regardais un film tous les soirs et je partais travailler la journée. J'avais besoin de côtoyer plus de monde, de profiter davantage des escales et j'ai décidé de me tourner vers la croisière. La motivation première, ce n'est pas seulement de voir la mer. C'est de voir du pays, de découvrir des ports, de nouveaux décors, des odeurs, se sentir citoyen du monde. Je préfère toujours arriver dans un port plutôt que le quitter !

Je suis devenu lieutenant machine avec la Brittany Ferries, j'avais des responsabilités et j'appréciais la vie en collectivité, le fait de travailler sur une ville flottante avec plus de 2000 personnes à bord. Quand on est jeune, on est avide de découvertes, de voyages, on profite aussi du fait de ne pas avoir de contraintes familiales. Ensuite, j'ai travaillé pour la Compagnie du Ponant, notamment à bord du *Diamant*, et ça a été une succession d'émerveillements. On est à bord de gros vaisseaux, des rêves d'enfant pleins la tête… Le fait de partager une aventure et un objectif commun crée un lien extrêmement fort, un esprit de corps. À tel point que c'est à bord du *Diamant* que j'ai rencontré ma femme, avec qui nous avons désormais quatre enfants ! J'ai eu la chance de naviguer dans des endroits d'une beauté incroyable, les Seychelles, l'Antarctique avec les icebergs à éviter, le Cap Horn… C'est un tel privilège de se retrouver parfois très isolé du monde, de s'approcher de lieux où l'homme n'a pas le droit de cité.

« Dès que l'on arrête les moteurs, c'est de l'ordre du miracle »

Et puis, il y a le *Belem*, l'aventure la plus exceptionnelle de ma vie si l'on excepte mes enfants. Ce n'était pas une vocation de faire de la voile traditionnelle plutôt que de la marine marchande. Pour nous, c'est un petit bateau de 58 mètres, à bord duquel la proximité avec la mer est réelle. On ressent les éléments. Il tourne, il vire, il balance… Dès qu'on arrête les moteurs et qu'on passe en voile pure, que les vents sont favorables, c'est de l'ordre du miracle. Dans ce décor historique, plus que centenaire, on travaille, on vit, on dort… Ce n'est pas rien de maintenir ce savoir-faire, ces traditions ancestrales, et de contribuer à transmettre cette histoire et cette passion.

En mer, il y a toujours un peu d'appréhension : personne ne veut entrer dans l'histoire de la marine marchande comme celui qui ferait chavirer le *Belem* ! Le pont est très proche du niveau de la mer, ce qui décuple les sensations quand elle est un peu plus agitée. C'est un bateau qui n'est pas facile, qui est parfois dur à manœuvrer et dont le niveau de confort est différent de celui des autres bateaux. Mais souvent, on parvient à prendre le recul nécessaire pour profiter de la chance qu'on a. Et quand on arrive dans un port, l'émerveillement est toujours là, la fascination du grand public aussi. Nous tous, à bord, on garde une partie de l'insouciance de nos rêves d'enfants et on savoure. Je n'aurais jamais cru que je serais un jour le commandant du plus vieux voilier d'Europe. »

VIKING

GANOR **GINAT**

« Le *Marion-Dufresne*, un cordon ombilical »

En CP, lorsque son institutrice lui avait demandé de dessiner un objet pour la lettre « B », il avait griffonné un bateau. L'océan était alors l'arrière-plan de ses souvenirs de vacances, chez son grand-père, dans une baie du nord Finistère. « On n'arrêtait pas de naviguer sur l'eau », explique-t-il. Et c'est naturellement qu'il s'est tourné vers la marine marchande avant de prendre, après plusieurs années d'expérience, le commandement du *Marion-Dufresne*. Pouvant peser jusqu'à 8000 tonnes, ce bateau de 120 mètres est l'unique moyen de rallier les terres australes et antarctiques françaises : l'archipel Crozet, les îles Kerguelen et Amsterdam-Saint-Paul. Des îles inhospitalières, balayées par les éléments et soumises à la rudesse des mers du Sud. Chacune des quatre rotations annuelles est ainsi une aventure en soi avec les caprices de l'océan, les rencontres fortuites entre les passagers et le ravitaillement à assurer. Une mission de service public au bout du monde, aussi périlleuse que nécessaire.

« Autour de son nom, il y a une légende, une aura. Le *Marion-Dufresne* est un navire qui attire et qui impressionne surtout ceux qui sont allés comme moi à l'école de la marine marchande. Ce qui fascine, c'est la capacité d'aller dans des zones où il y a très peu de navires, de dépasser les trentièmes et les quarantièmes rugissants, les cinquantièmes hurlants, de savoir que chaque navigation sera une aventure et surtout qu'il n'y a pas d'autres options que de naviguer à son bord pour rallier certaines zones. S'il n'y a pas de contraintes météo, les traversées sont toujours identiques : départ de la Réunion puis Crozet, les Kerguelen, Amsterdam-Saint-Paul avant un retour à la Réunion.

« Un lieu de vie à part entière »

La rotation dure environ un mois : une quinzaine de jours de navigation et autant en opérations de ravitaillement. À bord, on compte jusqu'à 110 personnes en plus des 43 membres de l'équipage. Le navire réunit des gens qui ne se seraient jamais croisées dans un autre contexte.

Le *Marion-Dufresne* à Crozet

Des scientifiques, des étudiants, des cuisiniers, des ouvriers, des maçons, des jeunes, des plus âgés… L'ambiance y est donc très particulière, surtout qu'il n'y a plus de réseau mobile quelques heures après avoir quitté la Réunion. Alors on se parle, on échange, on se retrouve pendant les repas… Ça favorise le contact, les affinités amicales, les discussions passionnantes, surtout lors des retours puisqu'ils vivent tous coupés du monde lors de leur mission et quand ils sont à bord. En somme, c'est un lieu de vie à part entière.

Nous avons un rapport très particulier avec ces femmes et ces hommes : nous sommes les seuls à pouvoir les déposer et les récupérer au milieu de nulle part, à livrer les denrées alimentaires et le matériel technique dont ils ont besoin. On charge de tout à bord – des conserves, des frigos, des voitures, des tracteurs, des sacs de sable ou de gravier… – et on rapporte à chaque fois les poubelles produites dans les îles à la Réunion.

« Des conditions à bord particulièrement difficiles »

Il n'y a jamais de ponton. On reste en positionnement dynamique et on réalise toutes les opérations de ravitaillement au mouillage avec de petits bateaux et notre hélicoptère. Le tout, avec des mers qui sont plus fortes qu'ailleurs. Il n'y a pas de continent pour bloquer les mouvements de la houle. Nous avons donc des dépressions qui circulent plus vite que dans l'hémisphère nord. Il est arrivé que l'on mesure un déplacement vertical de 24 mètres ! La conception du navire, grâce à son étrave, permet d'amortir les chocs lorsqu'on tape dans la houle.

Souvent, ceux qui viennent pour la première fois à bord ont envie de se confronter à une tempête et à une mer formée. Mais ce n'est pas comme le programme essorage d'une machine à laver : il n'y a pas de bouton pour tout arrêter ! C'est dur de s'imaginer à quel point les conditions à bord peuvent être difficiles. Il faut se tenir en permanence pour bouger, pour manger, on ne peut pas dormir parce qu'on est ballotté de tous les côtés… Toute la surface de l'eau devient blanche avec l'écume, des paquets de mer et la houle passent par-dessus l'étrave et tapent contre la passerelle.

« Une "vieille dame" pour conserver le lien »

C'est toujours impressionnant de voir les éléments se déchaîner. Il y a forcément de la peur, mais nous en avons besoin pour ne pas devenir dangereux nous-mêmes. La nature et la mer seront toujours plus fortes que nous. On reste à la merci des éléments et parfois, la survie du navire n'est pas garantie. Nous ne pouvons pas dépasser la résistance du navire. Il faut accepter de réduire l'allure, comprendre qu'on ne peut pas être dans une situation de contrôle total. Faire demi-tour en pleine tempête, ce n'est pas simple non plus, d'autant que nous avons des impératifs. Comme en montagne, il est parfois plus facile de monter et bien plus difficile de descendre. Ce n'est pas le fait d'aller jusqu'à ces îles qui est compliqué mais d'assurer le ravitaillement et de ramener tout le monde à bord. En permanence, nous devons jauger le niveau de risque, déterminer la ligne rouge au-delà de laquelle le risque devient danger et s'évertuer à tout faire sans la dépasser.

Nous ne pouvons pas quitter une île sans avoir réussi notre mission parce qu'on nous y attend, parce qu'il y a des personnes à aller chercher, parce que d'autres attendent des provisions dont elles ont besoin pour vivre. Leur existence sur place serait beaucoup plus précaire si on n'assurait pas nos rotations. Le *Marion-Dufresne* contribue ainsi à une forme de continuité de leur vie, c'est un cordon ombilical. Si ces personnes séjournent sur ces îles, c'est justement parce que ce service existe, parce qu'elles ne se demandent pas avec anxiété si on va revenir ou pas. Briser la rotation, la rendre plus aléatoire, cela casserait le lien de confiance qui existe avec l'institution. Et ça, c'est cette "vieille dame", le *Marion-Dufresne*, qui en est la garante.

EN BREF

Né le 22 avril 1971

1996 : Diplômé d'études supérieures de la marine marchande

1997 : Service militaire au sein de la force océanique stratégique (sous-marin)

2004 : Devient commandant

2010 : Devient capitaine d'armement. Navigation à bord de navires méthaniers, vraquiers, sismiques, câbliers, ravitailleurs

Bien sûr, il y a un équipage derrière qui parvient à faire face, à toujours éviter l'accident, à jauger le danger. Nous avons tous un tempérament de marin et beaucoup de réticences à nous mettre en avant. Nous nous contentons de dire simplement "on a fait notre travail". Mais je suis fier, très fier, de ce qu'on accomplit collectivement à chaque rotation. »

THE
NORTH
FACE

NICOLAS **HULOT**

« L'océan, mon exutoire, mon antidote, ma bulle de rêve »

Il a emmené les océans, leurs beautés et leurs trésors, dans nombre de foyers français. Pendant plus d'un quart de siècle, grâce à son programme phare, *Ushuaïa*, Nicolas Hulot est devenu un visage familier de la petite lucarne, n'ayant de cesse de mettre en valeur les joyaux de la planète. Découvrir, montrer et ressentir pour comprendre, pour défendre, pour alerter aussi. Via sa fondation, « l'œuvre de sa vie », Nicolas Hulot a donné un autre sens à son engagement avant de s'impliquer en politique jusqu'à devenir ministre de la Transition écologique et solidaire pendant un an. S'il s'est « retiré définitivement de la vie publique », celui qui vit en Bretagne cultive au quotidien un lien profond avec la mer, en surf, en kite ou en plongée sous-marine. Récit d'un passionné éclairé qui a dédié sa vie à donner à voir ce que l'océan a de meilleur.

« Le lien que nous avons avec la mer est presque enfoui génétiquement en chacun de nous. Il est intime, fusionnel, organique, presque spirituel et date de la nuit des temps. L'océan, c'est notre matrice originelle. Dès que l'on prend le temps d'observer l'océan, c'est déjà une forme de lâcher-prise. Mes propres expériences m'ont permis de m'immerger dans ce monde liquide, de découvrir et d'éprouver des plaisirs et des sensations innommables. L'océan ne cesse de me combler dans tous ses aspects et dans tous ses états.

« Un moment de purification du corps et de l'esprit »

Je rêvais, gamin, de pouvoir m'endormir et me réveiller en entendant les vagues. Le son de l'océan me rassure. J'ai le privilège de vivre au bord de la mer et il n'y a pas un matin où je ne m'extasie pas de la couleur, de la forme, du mouvement de la mer. L'océan colporte avec lui des éléments qui nous viennent parfois du bout du monde, du vent qui vient de loin, peut-être des terres les plus au nord. Il est le lien avec le reste du monde comme l'écrivait

Nicolas Hulot sur le bateau *Fleur de Lampaul*

le poète anglais Alexander Pope ("La mer joint les régions qu'elle sépare"). C'est également une deuxième échelle du temps : les marées ont la capacité d'extraire de la vie quotidienne, de naviguer entre deux mondes, la terre et la mer.

C'est une découverte sans fin, quelque chose qui se cultive en permanence. L'océan est devenu mon exutoire, mon pansement, mon antidote, ma bulle de rêve à la surface ou sous l'eau et une source de régénération permanente. C'est une réelle dépendance. Je suis en manque si je passe quatre jours sans être sur l'eau. Ainsi, pas une semaine ne s'écoule sans que je parte en paddle, en surf, en kite-surf à la crête des vagues. Je revendique ce plaisir de la glisse. Cela peut paraître futile mais glisser permet d'être en communion avec l'écume, les courants et la mer. L'iode qui fouette le visage et le sel donne l'impression d'un moment de purification du corps et de l'esprit.

« Les animaux nous rappellent l'unicité du monde »

L'émotion provoquée par cette expérience est indicible. Ce n'est pas une question de performance mais une complicité. J'ai eu la chance, grâce à mon métier, d'observer et d'explorer le monde de l'océan. Il m'a offert une telle profusion de beauté, d'ingéniosité, de docilité, de plaisirs inépuisables. Le langage de l'océan comme celui de la nature n'a pas besoin d'être décrypté. Il se comprend sentimentalement, instantanément et s'explique biologiquement.

EN BREF

Né le 30 avril 1995 à Lille

De 1987 à 2012 : Présente l'émission télévisée *Ushuaïa*

1990 : Création de la Fondation Ushuaïa devenue la Fondation pour la nature et l'homme

2012 : Nommé « Envoyé spécial pour la protection de la planète »

2017 : Ministre de la Transition écologique et solidaire

2020 : *D'un monde à l'autre, le temps des consciences*, avec Frédéric Lenoir (Fayard)

Je me souviens notamment de mon premier contact visuel sous l'eau avec une baleine, d'avoir assisté à la naissance d'un hippocampe nain, de pagayer à bord d'un canoë et d'être entouré par des orques, de ressentir de la complicité avec des dauphins qui jouent devant l'étrave du bateau… Ce sont toujours eux qui décident et qui nous rappellent l'unicité du monde. Dans ces moments, rêve et réalité se confondent. Une fois qu'on ouvre les yeux, qu'on met nos sens en éveil et en action, l'océan est un réservoir d'émotions. C'est une joie simple et inusable devant un tel spectacle de la nature de pouvoir tourner la tête et dire à quelqu'un : "Tu as vu comme c'est beau." Sa beauté est un langage universel qui nous relie intimement.

« Un monde dont nous dépendons »

L'océan nous confronte à l'énigme de nos origines et au présent, aussi, parce qu'il a un rôle considérable dans le grand équilibre de la nature. Il est important au point que notre esprit, notre âme et nos corps en sont dépendants. L'avenir de l'humanité est conditionné à notre faculté à le protéger et à le régénérer. Il ne s'agit pas d'une masse liquide qui doit résister à toutes sortes de nos caprices, c'est un monde dont nous sommes issus et dont nous dépendons.

N'allons pas chercher des désirs lointains, artificiels et matérialistes, attachons-nous à observer nos côtes, à nous confronter à ce désir d'aller de plus en plus loin, au large, saisir cette leçon d'humilité à l'étendue de notre ignorance. Il n'y a pas besoin d'être le commandant Cousteau pour s'émerveiller des océans. D'ailleurs, ce que nous en connaissons est ridicule par rapport à ce que nous ignorons. C'est une source de vertu : d'un côté on leur doit beaucoup et de l'autre ils nous rappellent à l'ordre sur la vulnérabilité de l'humanité.

Chacun doit mesurer l'incroyable combinaison de facteurs qui a été nécessaire pour que la vie puisse se développer. Cela revient à faire tomber par terre une boîte de Scrabble et à obtenir spontanément une phrase écrite. On ne peut pas prédire quels seront les préjudices sur le vivant si l'atmosphère change. Ce qui est paradoxal, c'est que l'espèce humaine n'a jamais été aussi puissante et qu'elle n'est jamais apparue aussi vulnérable. À l'échelle de l'évolution, nous ne devons pas oublier que l'espèce humaine est très récente et qu'elle n'est pas aussi résistante qu'on pourrait le penser. Et le temps nous est compté. »

GARY **HUNT**

« Plonger, une sensation de plénitude »

Gary Hunt aime se jeter dans le vide, au sens propre. Il en a même fait sa passion, sa vie et sa raison d'être. Ce Britannique, naturalisé Français en 2018, s'est fait une spécialité de se présenter en maillot de bain en haut de plateformes installées sur des falaises, de tendre les bras vers le ciel et de plonger. 27 mètres de hauteur, trois secondes en apesanteur avant d'atteindre la mer et de goûter à la liberté de façon puissante, instantanée, une décharge d'adrénaline qui se savoure en remontant vers la surface. De 2009 à 2023, Gary était l'une des stars des Red Bull Cliff Diving World Series, une compétition de plongeon de haut vol à travers le monde. De Mostar à Carthagène, de Sydney à Beyrouth, le plongeur a fait le tour du monde grâce à ces quelques secondes à quitter la terre pour rejoindre la mer.

« La mer a un aspect très mystérieux. C'est un élément essentiel de notre planète qui nous garantit d'avoir toujours à explorer et à découvrir. Sa beauté se ressent partout et j'ai la chance de le constater dans les lieux magnifiques où j'ai l'occasion de me rendre pour mon travail. Lors de mes sauts, la mer a valeur de filet de secours, c'est mon coussin. Sans elle, impossible de faire mes saltos et de plonger pendant trois secondes.

« Ça ne peut que remplir de bonheur »

Ainsi, grâce à la mer, je peux être libéré, me sentir dans l'air pendant ces trois précieuses secondes. Au fil de ma carrière, je continue à cultiver une relation très particulière avec la mer. C'est grâce à elle, à cette eau, que je peux vivre des moments incroyables. Je m'entraîne beaucoup dans une piscine mais tout y est sous contrôle, les conditions sont immuables. À l'extérieur, on a la chance d'être face à la mer, on sent le vent, les vagues, c'est comme si tout devenait soudain plus intense, plus vivant et qu'il y avait une touche de folie. C'est excitant d'évoluer en pleine nature, d'apprécier le fait qu'on ne sait jamais ce qui peut se passer.

EN BREF

Né le 11 juin 1984 à Londres

2006 : Premier spectacle de plongeon de haut vol

2010 : Première saison remportée aux Red Bull Cliff Diving World Series

2015 : Médaillé d'argent aux championnats du monde de plongeon

2022 : Dixième saison remportée aux Red Bull Cliff Diving World Series

À chaque saut, il y a d'abord ces deux à trois minutes sur la plateforme. C'est le moment où l'on perçoit la hauteur, où les doutes sont les plus nombreux. Le cerveau nous pousse à nous retenir, à ne pas y aller. Il faut un travail mental conséquent pour bloquer ces pensées-là. Au départ, on est obnubilé par la peur et les appréhensions. Avec l'expérience, je suis parvenu progressivement à gérer cette peur, à profiter de la vue, à ressentir la foule qui est présente, à trouver ce moment hors du temps extraordinaire. Ce sont des moments très courts, certes, mais il y a une sensation de plénitude : tu te focalises sur chaque inspiration, chaque expiration et le temps d'un souffle, tu parviens à oublier tout ce qui te retenait précédemment. L'horizon est au loin, la vue est dégagée, magnifique et ça ne peut que remplir de bonheur.

« Au petit bonheur des vagues »

Ensuite, au moment du saut, la concentration et la vitesse sont telles qu'il n'y a plus rien d'autre dans la tête, comme un pilote de F1 qui ne peut qu'être focalisé sur sa machine. Le cerveau ne se préoccupe que de l'enchaînement des mouvements, aux aguets de toutes les sensations. C'est une forme de soulagement où la peur n'a plus sa place. Comme si on rentrait dans une sorte de bulle. L'accélération est soudaine, puissante et en moins d'une seconde, on passe de 85 km/h à 0 km/h en atteignant l'eau. À l'impact, on se doit d'être immobile et on descend à 5 à 6 mètres. La remontée est un moment incroyable. Il n'y a plus de stress, plus de notion de risque. On est guidé par les bulles pour remonter, c'est le dernier voyage vers la surface.

Ce que j'aime, ce sont les vagues. Il y a des compétitions où l'on doit plonger dans des mers très agitées. Je trouve ça excitant et fascinant : la mer prend des allures d'être vivant. À Polignano a Mare, dans les Pouilles, ça peut arriver souvent. C'est aussi le cas à Acapulco, au Mexique : l'eau n'y est pas profonde et il faut veiller à plonger au bon moment afin d'atteindre la mer au moment où les vagues sont hautes. J'ai aussi des souvenirs forts de la compétition à La Rochelle, où la foule était massée dans le port et l'eau était trop froide. Ou encore cette épreuve à l'île de Pâques. Là-bas, en regardant l'horizon, on avait la tenace impression d'être au milieu de nulle part, loin de toute autre civilisation.

Au fil des années, il y a des difficultés qui s'amoncellent. Les courbatures sont un peu plus dures, la fatigue se fait sentir… Et en même temps, je me sens de plus en plus à l'aise, j'arrive à un point où ce long voyage est très agréable. Mon père avait un travail très stressant – manager dans une entreprise de télécoms – et je me suis toujours promis que le stress de mon travail n'affecterait pas ma vie. Quand je suis sur une plateforme, personne ne dépend de moi. Je me sens seulement libre de faire ce que je fais. »

Gary Hunt, Viking Caves, Phi Phi Leh, Red Bull Cliff Diving World Series

Gary Hunt, Sao Miguel (Açores), Portugal, Red Bull Cliff Diving World Series

ARNAUD **JERALD**

« En plongeant, je vis une autre vie »

Deux palmes, un fil d'Ariane et la plongée dans les abysses. Arnaud Jerald s'est fait une spécialité d'aller là où le corps est soumis à une intense pression et où l'obscurité est totale : à plus de -100 mètres sous l'eau. Champion du monde d'apnée, le Marseillais a même dépassé la barre des -120 mètres. Tête bien faite, il a construit sa vie et son succès comme ses plongées : par palier et en ne négligeant aucun détail. Arnaud a balayé ses jeunes années scolaires difficiles et trouvé dans l'apnée un exutoire. Il aspire aussi à changer le paradigme de la discipline, à l'aborder comme un pilote de F1 avec un staff fourni, des ambitions et un storytelling inédit. Sa lucidité, extrême, lui permet de se confronter aux limites du corps humain et d'expérimenter l'océan, aussi, comme si peu d'humains en sont capables.

« La scène se passe au large des îles qui font face à Marseille. Nous sommes au mois de février, la mer est agitée, l'eau est froide et plusieurs passagers ont mal au cœur. J'avais 16 ans et c'était la première fois que je testais l'apnée pure, descendre au fond en longeant un fil d'Ariane. Je suis arrivé à atteindre les 30 mètres et j'ai ouvert les yeux. Il n'y avait ni poisson, ni épave, seulement du bleu. Surtout, j'ai eu l'impression de me voir enfin à travers mon regard. Pour la première fois, je n'étais plus ce gamin dyslexique, timide et hypersensible au parcours scolaire complexe. Quand je suis remonté à la surface, j'avais simplement un grand sourire. Cette plongée a fait office de révélation.

« Sous l'eau, tout est condensé à une vitesse folle »

Depuis mes 7 ans, je suivais mon père faire de la chasse sous-marine, on partait les week-ends ensemble, on préparait une bouillabaisse à notre retour à terre. Mais j'étais attiré par l'apnée, par la profondeur, par la nécessité de s'y engager sans compter, par la sérénité ressentie à être seul. En plongeant à de telles profondeurs, j'ai l'impression de vivre une autre vie, tellement prenante et enrichissante. Le fait de ne pas avoir de repère en matière de temps et d'espace brouille nos perceptions : une plongée à plus de 100 mètres, c'est l'impression d'avoir passé trois à quatre jours sous l'eau. Tout y est condensé à une vitesse folle. La peur qui se contrôle,

Arnaud Jerald à Moorea (Polynésie française)

EN BREF

Né le 27 avril 1996 à Marseille

2017 : Champion de France d'apnée

2017 : Atteint pour la première fois les -100 mètres (à Villefranche)

2019 : Obtient le record du monde à -108 mètres (à Charm el-Cheikh, Égypte)

2020 : Nouveau record du monde à -112 mètres (à Kalamata, Grèce)

2022 : Nouveau record du monde à -120 mètres (aux Bahamas)

mais aussi l'amour, la joie, la plénitude… Sous l'eau, on ne peut pas ressentir d'émotions négatives, on déconnecte instantanément avec la surface.

Souvent, on a l'impression d'être aveugle. Il faut alors se concentrer sur l'eau, sur les bruits et sur la température qui change (je sais qu'à -60 mètres, on perd 2 à 3°, ça me donne un repère). Lorsque je remonte, il y a aussi la lumière et s'en rapprocher est tout aussi plaisant. Ma réussite, c'est une affaire de progression constante. Descendre à -100 mètres, cela nécessite des phases d'adaptation comme pour l'ascension de l'Everest, de l'expérience et de la confiance en soi. Cela prend énormément d'énergie, de convictions, d'engagement, au-delà de l'entendement. Il faut sortir ses tripes. Plus on descend, plus la mer fait figure de puissance que l'on ressent physiquement, partout sur le corps. Mes poumons se réduisent à la taille d'une orange et la pression monte à 11 kg par centimètre carré de peau. Accepter cette pression, cette force, cela fait partie de ce qu'on ne maîtrise pas vraiment, du respect que l'on doit avoir pour l'océan.

« Au-delà de ses propres limites »

La plongée parfaite, celle où tout se passe comme attendu, où l'on se sent bien dans l'eau, je l'ai vécue en août 2022. C'était aux Bahamas, au trou bleu de Dean, un trou de 200 mètres de profondeur qui est entouré par la plage. Cela forme une sorte d'arène où les spectateurs peuvent nous encourager et nous voir plonger. On n'avait jamais vu une telle ambiance dans notre sport ! Je me suis nourri de cette énergie-là et je me sentais bien sous l'eau, tout simplement. Il y a eu le stress, la concentration totale, l'euphorie, le partage avec les proches, l'équipe, les médias du monde entier… Et puis, quelques semaines plus tard, dans des moments presque anodins, on réalise qu'on a réussi à plonger à -120 mètres.

En parallèle de mes challenges en tant qu'apnéiste et de mon désir de rester numéro 1, j'ai coaché des athlètes. J'ai beaucoup travaillé la respiration avec le nageur Florent Manaudou et le pilote automobile François Perrodo et j'ai aidé Charles Caudrelier à passer la barre des 30 mètres alors qu'il bloquait psychologiquement à 25 mètres. Le plus difficile, c'est de sortir de sa zone de confort et de se faire confiance, surtout, au-delà de ses propres limites. »

JUAN **KOUYOUMDJIAN**

« Avec la voile, les bateaux, une histoire d'amour »

Il faut des dessins et des rêves pour prendre la mer et ne plus voir la terre. Juan Kouyoumdjian fait partie de ceux qui les transforment en réalité. Architecte naval reconnu, l'Argentin a fait de la recherche de la performance, de l'optimisation et de l'innovation des mantras. La vocation a grandi avec son père, à naviguer sans compter puis seul sur son Optimist. Elle l'a mené de l'autre côté de l'Atlantique à étudier à Southampton, à partir en stage en France et à s'amuser de projets qui l'emmènent aux quatre coins du monde. En travaillant pour des projets de la Coupe de l'America, de la Volvo Ocean Race, de l'IMOCA et des superyachts, il est devenu l'une des références en matière d'architecture navale, sans jamais rogner sur la passion qui l'anime depuis l'enfance.

« Ce qui explique ce que je fais, c'est que j'ai toujours navigué et toujours aimé la mer. Dès mon plus jeune âge, on sortait en mer avec mon père. J'ai des images qui reviennent à l'esprit comme des flashs : je me souviens de régates en Argentine tous les deux à bord de son Half Tonner, d'un convoyage à 7 ou 8 ans où nous avions été secoués par les conditions et de mon père qui érigeait toujours ma sécurité en priorité. Ensuite, j'ai été dans une école de voile. À bord de mon Optimist, je passais beaucoup de moments seul, je partais tôt à l'entraînement et je revenais tard. C'était comme la première moto ou le premier scooter. Je me sentais libre : j'avais l'intime conviction d'être plus que jamais propriétaire de mon destin.

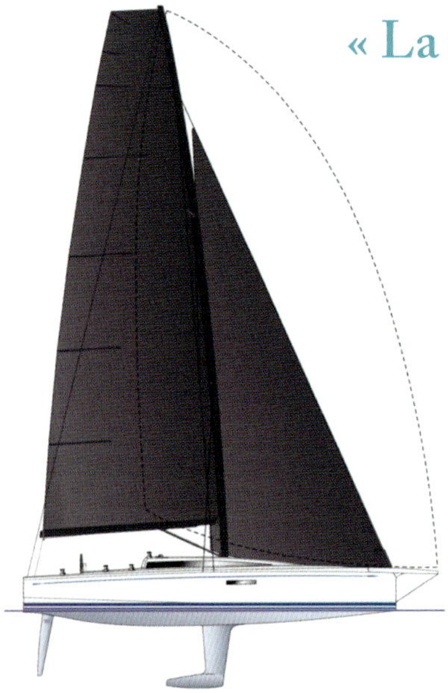

Le *Clubswan 43* (2023)

« La magie de l'architecture navale »

Cette sensation de liberté est incroyable, presque primaire, parce qu'on ne la retrouve nulle part ailleurs, dans aucun autre sport, aucune autre activité. En participant plus tard à de multiples compétitions, cette notion s'est ajoutée au plaisir du sport et du dépassement de soi. Et puis je me suis vite rendu compte que les voiliers étaient des outils que l'homme avait imaginés pour se mêler à la mer, pour trouver un accessit à cette liberté. J'ai alors pris goût à la technique, afin de comprendre comment les bateaux fonctionnent. C'est ce désir qui m'a attiré vers la magie de l'architecture navale et qui m'a permis d'en faire mon métier. Mon lien constant avec la voile et les bateaux, c'est une histoire d'amour.

L'architecture navale est une équation avec des variables particulièrement complexes à faire cohabiter. C'est un équilibre parfait à déterminer entre l'aérodynamisme, l'hydrodynamisme, le structurel, la sécurité des marins… Même si les méthodes et les ressources scientifiques sont extrêmement pointues en la matière, l'architecte se doit de les extrapoler, d'apporter sa vision et son intuition. C'est ce que j'appelle la "magie de l'architecture navale", qui s'appuie sur des années de tests, d'expérimentations, de prototypes… C'est également le cas en aéronautique ou dans l'aérospatiale. Mais ce qui nous distingue, notamment en course au large, est un élément de taille : alors que ces ingénieurs ont parfois la possibilité de créer plusieurs prototypes et profitent de plusieurs années de développement, notre prototype va être le bateau définitif, celui qui fera la course.

« La limite de l'imaginable »

Un homme seul, même le plus intelligent et le plus sage, ne peut à lui tout seul concevoir un bateau parfaitement optimisé. C'est le collectif, l'addition de compétences qui contribuent à un résultat pertinent. Par ailleurs, le haut niveau n'a pas de frontière, c'est un trait d'union entre les intellects et les talents. L'architecte est celui qui coordonne et rassemble toutes ces compétences collectives autour d'une vision spécifique. Dès lors qu'on s'approche de ce qu'il y a de meilleur dans une discipline, il n'y a ni passeport, ni nationalité, ni frontière. L'innovation reste le fruit d'une réflexion qui demande ensuite à être exécutée. Il est donc important d'être imprégné d'un contexte favorable à la création. Certes, rien ne remplace le fait de se retrouver en "physique" pour échanger, construire et avancer. Mais vivre à différents endroits du monde n'empêche pas de se mettre autour de la table quand il le faut.

Hormis les jauges de ceux qui participent à des compétitions, la conception d'un bateau n'est limitée que par l'imaginable. Mais même en étant le plus inventif et le plus audacieux possible, on ne pourra pas parvenir à tout simuler et à tout prévoir. Il y a toujours des aspects et des

imprévus que l'on découvre une fois qu'on est confronté à la réalité et à la mer. C'est une certitude : nous pouvons encore faire preuve d'innovation, de développement technique, de réflexions intellectuelles et conceptuelles afin de se projeter sans relâche dans ce que seront les bateaux de demain. En somme, il s'agit d'une évolution constante, profondément sensible et humaine, dont la magie ne se tarit jamais. »

EN BREF

Né le 15 juillet 1971

2 médailles d'or aux Jeux Olympiques
3 victoires consécutives à la Volvo Ocean Race
6 participations à la Coupe de l'América
7 victoires dans différents championnats du monde
9 records de course au large

TITOUAN **LAMAZOU**

« Marin, on pactise avec la nature de l'océan »

Il n'apprécie ni l'usage effréné du mot « passion » – « par nature éphémère » –, ni les poncifs en tout genre. Titouan Lamazou préfère vivre simplement l'existence qu'il a désirée, entre l'art et la mer, les pinceaux et les écoutes. Formé au large par Éric Tabarly, vainqueur du premier Vendée Globe de l'histoire (1989-1990), Titouan a toujours conservé son âme d'artiste. Étudiant aux Beaux-Arts, il a consacré nombre de ses toiles à des personnalités, dont tant de femmes, avant qu'il ne considère le « vivant non humain » comme une source d'inspiration. Depuis plus de trente ans, Titouan cultive le projet d'un bateau-atelier pour faire cohabiter art et océan au sein du même espace afin de se complaire dans la lenteur, « le mode le plus rapide pour atteindre l'essentiel ». Ses mots sont simples comme des coups de pinceaux. « Je n'ai pas besoin de la mer, j'y suis installé », dit-il, lui qui vit sur une plage en Polynésie française. Témoignage d'un homme inspiré et inspirant.

« Il est intéressant de voir comme la mer est perçue aujourd'hui. Par commodité, on lui a donné des frontières. On parle d'océan Indien, Pacifique, Atlantique… Or, l'océan ne fait qu'un. De plus, il est considéré – à cause notamment de la mémoire collective – comme immense, avec des abysses insondables… Pourtant, la mer n'est qu'une petite flaque posée sur la surface de la Terre. L'ensemble du vivant, et l'humanité qui en fait partie, est contenu dans 3000 mètres de profondeur moyenne des océans et 4000 mètres d'atmosphère vivable. C'est ce qu'on appelle la biosphère, ce que le chercheur Benoît Latour qualifiait de "zone critique". Le vivant se développe depuis quatre milliards d'années dans une fine pellicule de sept kilomètres de hauteur, soit à peine une bonne heure de marche. Il s'agit d'une surface infime, microscopique au regard du cosmos et de l'univers alors que la première galaxie observable se mesure à des années-lumière.

Il faut avoir conscience que ce petit espace miraculeux est probablement unique dans l'univers tout entier. Et qu'on s'acharne à le détruire pour s'en remettre aux illusions des Elon Musk et consorts qui proposent que l'on déménage sur Mars où l'on soupçonne la présence de quelques gouttes d'eau !

« L'envie de voir de l'autre côté de l'horizon »

Tout jeune, j'ai vécu à une époque où l'on pensait que notre environnement était éternel et inépuisable à l'infini. Ma vocation première, vers mes 11 ans, c'était de devenir un artiste. Et puis j'ai été attiré par le monde maritime qui m'était totalement inconnu, par les gens qui vont en mer, par l'envie de voir de l'autre côté de l'horizon maritime. J'ai quitté tôt mes études aux Beaux-Arts pour m'adonner à cette deuxième vocation, vagabonde. Avec mon sac en bandoulière, je me suis mis à faire du bateau-stop, à aller aux Antilles, à proposer mes services d'équipier. J'aimais ce monde que je découvrais, celui des voyageurs, des marins, inspiré par la lecture de Bernard Moitessier que j'eus plus tard le privilège de rencontrer et de compter parmi mes amis.

Lorsqu'est venu le temps de mon service militaire, je n'avais aucune envie de rentrer en France pour le faire. Les deux skippers du *Vendredi 13* qui m'avaient embarqué à Sainte-Lucie, Jean-Yves Terlain et Yvon Fauconnier – eux aussi devenus des amis et plus tard des adversaires sur l'eau –, m'ont conseillé de renoncer au statut d'insoumis ! Ils avaient un bon ami de la Royale qui bénéficiait de quatre appelés par an et qu'il choisissait sur recommandation. C'était Éric Tabarly. J'ai passé deux ans avec lui et j'ai appris le métier de marin. Quand on faisait mal une manœuvre, il nous poussait, l'exécutait et on comprenait. Même s'il était le marin le plus rapide du monde, c'était le roi pour prendre son temps. J'ai aimé cette vie et je suis devenu un temps un coureur d'océan professionnel.

« Le large, l'endroit où je me révélais »

C'est à ce moment que j'ai été attiré par le monde de la course au large que je découvrais avec lui. BOC Challenge, Québec-Saint Malo, C-Star, Route du Rhum, Vendée Globe… Ça a été une période courte mais très agréable dans ma vie. Lors des premières courses, j'étais attiré par ma peur, par la capacité à lui opposer mon courage, ce qui est très gratifiant et qui confère un certain amour propre. On pactise avec la nature des océans, on fait corps avec le bâtiment. C'est très physique, très manuel, on ne peut compter que sur les étoiles et les soleils pour progresser. Je n'ai jamais considéré les océans comme un endroit dangereux. J'aime bien cette solitude, je crois qu'on ne peut pas être plus en sécurité qu'au milieu des océans et loin des autres (pour peu qu'on ait un bon bateau et que l'on sache s'en servir). C'était l'endroit où je me révélais. J'étais en accord, en partage avec la nature à laquelle j'appartiens. Cette envie de course au large, ce besoin d'exister par la compétition "sportive", s'est arrêtée du jour où j'ai remporté le Vendée Globe. J'ai repris mes pinceaux à temps plein.

J'ai grandi à la campagne, j'aime le contact du vivant. Je suis né sur un cheval dans la forêt. Ce n'est pas pour rien que je vis en Polynésie, une zone aussi vaste que l'Europe avec seulement 250 000 habitants, ce qui est finalement très peu. La proximité avec l'océan m'a fait choisir

Les croquis de Titouan Lamazou, comme autant d'invitations au voyage

cet endroit comme un port d'attache. Je n'ai pas besoin de voir la mer, j'y suis installé. J'habite sur la plage, je l'ai tout le temps devant les yeux. Pour moi la mer, c'est un mode de vie et le bateau un outil. Il ne me viendrait pas à l'idée de passer un week-end en mer, faire quelques ronds dans l'eau et revenir à terre. Je ne suis pas un adepte de la civilisation de loisir !

« Être libre d'amarres et d'attaches »

J'aime le mouvement, l'idée de se rapprocher de nos origines, non pas sédentaires mais nomades, de proximité, au long cours. La mer, surtout la navigation en solitaire, offre cela. Seul à bord, on est proche de notre condition objective : si tu ne fais pas avancer le bateau, il n'avance pas. Nous sommes confrontés à une réalité naturelle, originelle. Hors des contraintes et du confort de notre existence sociale grégaire au sein des métropoles humaines. C'est l'idée, je pense, du vieux rêve, de l'utopie marine de mon bateau-atelier qui voit aujourd'hui son accomplissement : un atelier en lent mouvement, écrin de mes intuitions et de celles de mes hôtes. »

EN BREF

Né le 11 juillet 1955 à Casablanca

1971-1974 : Étudiant à l'école des Beaux-Arts de Luminy de Marseille

1976-1978 : Équipier à bord de *Pen Duick VI* avec Éric Tabarly

1990 : Vainqueur de la première édition du Vendée Globe

1991 : Champion du monde de course au large

2003 : Nommé « artiste de la paix » par l'UNESCO

2021 : Publication d'*Escales en Polynésie* (Au vent des îles) avec sa fille Zoé

Titouan Lamazou, au plus près des coraux...

MICHEL **LARRONDE**

« Cultiver une relation puissante avec l'océan »

« Michel, c'est une légende. » C'est Justine Dupont, surfeuse de grande vague au talent immense, qui nous l'a confié au détour de notre entretien. Michel ? Une personnalité attachante de plus de 60 ans, dont une grande partie à surfer, chercher les vagues, découvrir des « spots » et s'épanouir simplement sur une planche. Ce Français iconoclaste et baroudeur est devenu une figure d'Hawaï, un ami de la star américaine Laird Hamilton et un habitué de Jaws, la vague mythique qui fait rêver tous les surfeurs. Il a passé des années sans manquer une session avant de transmettre sa passion à son fils Tyler, devenu le plus jeune à apprivoiser Jaws et une étoile montante de la discipline. Chez Michel, le surf est bien plus qu'une vocation, c'est un mode de vie, un rituel indispensable et un vecteur de partage infini.

« Mon père a découvert le surf dans les années 1960 sur la grande plage de Biarritz et ça lui avait plu. On habitait à la campagne mais on se rendait régulièrement chez notre grand-mère à Biarritz pour surfer avec mon frère. À l'époque, la couverture télévisuelle du surf était très limitée, on rêvait en feuilletant les magazines… Mes premières années de pratique ont eu valeur de révélation. Rapidement, j'ai commencé les compétitions et rejoint l'équipe de France à 10 ans. C'était magique !

Après avoir passé du temps au Mexique, j'ai eu envie de partir en Californie. Je pouvais travailler comme cuisinier et surtout continuer à faire du surf. Et puis un jour, on m'a proposé un boulot à Maui, à Hawaï. J'y suis allé avec mon combi Volkswagen et mon sac à dos. Ce n'était pas vraiment prévu, mais le destin m'a emmené là-bas pendant plus de la moitié de ma vie. J'y ai rencontré ma femme et élevé mon fils qui est devenu une pointure dans les grosses vagues. J'ai toujours surfé et cultivé cette relation puissante avec l'océan. Le surf, c'est juste du plaisir. Maîtriser les vagues, glisser, rentrer dans les tubes… Ce sont des sensations incroyables.

« Et Jaws est devenu mon spot »

Mais quand tu touches au gros et au très gros (*aux grosses vagues*), tout est différent. On passe des jours et des nuits à surveiller la météo, on communique entre nous, on se prépare patiemment parce qu'on sait qu'on va se mettre en danger. Je n'étais pas destiné à surfer du “gros”. À Maui, j'avais un restaurant et de nombreux surfeurs faisaient partie de mes clients, dont Laird Hamilton, une légende qui m'a inspiré. En 1994, j'ai sauté le pas. Avec un ami, Vincent Lartizien, on a acheté un jet-ski et commencé à faire du surf tracé à Pe'ahi (Jaws). Nous n'avions ni gilet de sauvetage, ni sled (*le traîneau derrière le jet-ski*).
Lors d'une de mes premières sessions, j'ai pris une énorme vague sur la tête et j'ai disparu pendant deux à trois vagues. Quand je l'ai vue me tomber dessus, j'ai cru que c'était la fin de ma vie. Ça m'a permis de prendre conscience du danger mais aussi de savoir comment se préparer physiquement pour revenir en étant meilleur. L'océan est tellement plus fort que l'apprentissage se doit d'être long, progressif, que chaque session contribue à forger le moral et l'expérience. Et c'est comme ça que les locaux – qui sortent les dents pour protéger leurs plages – ont fini par nous accepter. Et Jaws est devenu mon spot.

J'ai vite senti que j'étais à l'aise pour surfer ces grosses vagues et que j'étais capable de résister à leurs impacts violents. J'aimais ça et je suis devenu complètement addict de ce sport et de ce spot. Pendant vingt ans, je n'ai pas raté une session là-bas. J'y pensais en permanence, je voulais mettre toutes les chances de mon côté pour être le plus résistant possible, surtout si l'océan veut te garder dans les abysses. Même quand je sortais, je faisais attention en me disant : “Ne bois pas ce verre, ça va te bouffer une seconde de respiration !” J'avais l'impression de vivre en permanence avec cette épée de Damoclès mais le plaisir prenait le dessus. J'étais devenu dépendant de ce spot.

« Parfois, on se dit que c'est ridicule de jouer avec nos vies »

Un jour, nous sommes allés surfer avec Max, un pilote d'avion, alors que Vincent n'était pas joignable. On annonçait de la houle mais les conditions n'étaient pas terribles. Soudain, une énorme barre de vague arrive au large. Je n'avais jamais vu une vague aussi grosse, plus de 20 mètres de face. Je suis parvenu à la prendre mais la vitesse compliquait la tâche. J'ai fait une petite erreur et j'ai presque été éjecté de ma planche. Pourtant, je me suis redressé comme si quelqu'un m'avait rattrapé par le col. J'ai cru que la vague allait m'avaler et finalement, elle m'a laissé un souvenir incroyable qui restera gravé en moi à jamais.

J'avais débuté le surf tracté en 1994, l'année où mon fils est né. J'allais l'embrasser avant d'aller aux sessions et j'avais plus peur pour ce bébé que pour moi. Alors je me mettais en mode “inconscient” pour tout oublier, pour avoir confiance en mes partenaires, pour m'engager et ne rien lâcher. Mon fils a senti ces vibrations-là, cette énergie, il a grandi en me voyant fabriquer mes planches, filer sur l'eau… À 14 ans, il a commencé lui aussi à appréhender et charger les grosses vagues. Il a su gérer ça, a continué à grandir, est parvenu à battre les légendes qui le faisaient rêver plus jeune. C'est devenu une machine de guerre, à la fois sage, concentré, sérieux, consciencieux. Parfois, depuis la falaise où je le regardais, il m'est arrivé d'être en larmes en voyant les risques qu'il prenait. Un jour, il a même transpercé sa planche d'un coup de genou ! On se dit que c'est ridicule de jouer avec nos vies, qu'on peut s'en passer et puis on se rappelle qu'on est accro à ça.

Michel Larronde,
Biarritz Surf Festival

Dans toute notre famille et notre entourage, tout le monde surfe, comme s'il n'y avait rien d'autre. Ça fait partie de notre culture, de nous-mêmes. On se rend à la plage après l'école, on prépare les sessions, on cherche des spots, on transmet des techniques aux plus jeunes… Le surf nous offre une vie idyllique, on vit le surf et on le vit jusqu'au bout. Être dans l'océan est la meilleure des thérapies, physiquement comme mentalement. L'océan m'a tellement donné et m'a conservé en bonne santé… J'ai 63 ans et je suis encore capable de "piloter" (*de guider en jet-ski*) dans les vagues et d'en prendre quelques-unes en surf, notamment à Jaws. Ce partage-là, avec mon fils, avec Justine Dupont, avec des amis et d'autres passionnés, c'est une source de plaisir inépuisable. »

EN BREF

Né le 31 mai 1960 à Bayonne

1970 : Première sélection en équipe de France

1983 : Voyage en Californie

1985 : Installation à Hawaï

Nikon
D810

GREG **LECŒUR**

« Sous l'eau, la puissance de la nature »

La biodiversité sous-marine et ses merveilles ont eu raison de son ascension de chef d'entreprise. À 32 ans, Greg Lecœur a décidé de tout plaquer. Un sac à dos, un appareil photo sous-marin et un tour du monde pour changer de vie et traverser le globe à la rencontre du foisonnement du monde animal sous la mer. Des Galapagos aux Philippines, du Mexique à l'Antarctique, les scènes de vie qu'il a captées l'ont imposé comme un photographe de référence dont le travail est régulièrement publié dans des magazines et des ouvrages prestigieux. Travaillant de concert avec la communauté scientifique, il aspire inlassablement à alerter sur les beautés de notre monde plus que jamais menacées, sans jamais perdre son optimisme.

« En tant qu'êtres humains, nous faisons tous partie de la nature. Je suis persuadé qu'il y a chez chacun de nous une attirance et un lien fort qui nous rapprochent d'elle. J'ai eu la chance incroyable de grandir à Nice, avec la montagne à proximité et la Méditerranée pour décor. Enfant, mon parrain m'emmenait au large sur son bateau. Il prenait le temps de me faire découvrir le monde de la mer et ça aiguisait ma curiosité. Je viens de la génération qui a vécu les aventures du commandant Cousteau, la génération du *Grand Bleu*. C'est ce qui m'a donné envie de faire de l'apnée, de la plongée sous-marine, de la photo, d'être dehors et d'explorer.

Lorsqu'on plonge, on découvre un autre monde. J'aime être sous l'eau, me confronter à cette sensation d'apesanteur et de plénitude. La terre n'est plus sous nos pieds mais on évolue en trois dimensions dans l'élément liquide, avec l'impression de voler, de planer et de se confronter à ce monde du silence. Il y a une sensation de liberté, de zénitude, de plénitude. On perd nos repères, nos sens sont en éveil. Étant donné qu'on est limité dans le temps, on essaie de s'imprégner au maximum, de tout ressentir avec autant d'intensité que possible. Quand on fait des photos sous-marines, on a un avantage certain sur les photographes animaliers : on trouve tout de suite des poissons. Ce que j'aime en mer, c'est que la nature s'y révèle particulièrement riche et luxuriante.

Depuis des années, je suis fasciné par le fonctionnement des écosystèmes et par la façon dont toutes les espèces font preuve d'ingéniosité. La nature, sous l'eau, est une source inépuisable d'inspiration. Quand on participe à des expéditions, on sait qu'il faut rester concentré au maximum sur l'instant, faire preuve de sang-froid, mais aussi s'attacher à comprendre les comportements des animaux, à les anticiper. Mais nous restons tous dans une forme d'émerveillement, surtout lorsqu'on fait de belles rencontres.

J'ai ainsi été marqué en Antarctique par un moment hors du temps avec des phoques crabiers. Ils étaient quatre ou cinq, sous l'eau. Au début de notre immersion, ils étaient très timides puis ils nous ont acceptés peu à peu. Leur curiosité a vite pris le dessus. Ce n'étaient pas des interactions à proprement parler – ça n'existe pas dans le monde sauvage – mais on les sentait à l'aise. Ils nous ont alors offert un ballet aquatique incroyable, là-bas, au bout du monde.

Premiers émois maritimes, en Méditerranée

« L'illustration parfaite de la puissance de la nature »

Un autre spectacle m'a fasciné, au large des côtes de l'Afrique du Sud, où des millions de sardines se retrouvaient pour se reproduire. Leur migration attire de nombreux prédateurs marins. Des requins, des baleines, des dauphins, des poissons en tout genre qui s'unissent pour les chasser. Chacun dispose de ses propres atouts, redoutables, pour survivre, chacun est à sa place et tous sont finalement interconnectés. C'est un spectacle hors du commun, l'illustration parfaite de la puissance de la nature.

Greg Lecœur lors d'une exploration au cœur de l'Antarctique en mars 2022

Je n'aspire pas seulement à émerveiller mais aussi à sensibiliser, à faire passer un message. Les saisons sont bouleversées en Antarctique. La Méditerranée souffre, confrontée aux incendies, aux inondations, à la sécheresse. Partout, les températures de l'eau augmentent, les courants changent, les espèces et la biodiversité sont perturbées. Nous devons trouver notre place au sein de l'écosystème planétaire, comprendre que nos ressources ne sont pas illimitées. Nous sommes capables collectivement de prendre des décisions, d'agir aussi en faisant évoluer chacun nos modes de consommation au quotidien. Et puis il faut s'attacher à comprendre comment fonctionnent la planète et la biodiversité. C'est une mission vitale et pour cause : il ne s'agit que de la vie. »

EN BREF

Né en 1977 à Nice

2012 : Tour du monde « sous-marin »

2016 : Élu « photographe nature de l'année » par le *National Geographic*

2017 : Publication du livre *Requins : guide de l'interaction* avec Steven Surina

2018 : Exposition Méditerranée sur la Promenade des Anglais à Nice

2019 : Expédition en Antarctique

2020 : Élu « photographe sous-marin de l'année »

Quand la nature
et la biodiversité offrent
le plus beau des spectacles,
juillet 2019

BIXENTE **LIZARAZU**

« Le plaisir d'être en harmonie avec l'océan »

L'océan comme un exutoire, une respiration, un prolongement de l'enfance et la certitude de tant d'expériences qui restent gravées à jamais. En grandissant au Pays basque, Bixente Lizarazu cultive depuis sa tendre enfance son lien avec la mer. Son père lui a transmis le goût du surf et de la plongée, l'école de voile a rythmé les étés de ses jeunes années avant que la mer ne lui offre une respiration bienvenue au cœur de son quotidien de footballeur. Après avoir raccroché les crampons, il a multiplié les expériences iodées, s'est pris de passion pour la beauté de la Polynésie française, a tourné un documentaire sur les requins et poursuivi ses engagements pour la préservation de l'océan. Un témoignage d'admiration, d'humilité et de respect.

« J'ai grandi à Hendaye, la dernière ville française avant la frontière espagnole. C'était une enfance au bord de l'eau, au cœur du golfe de Gascogne. Mon père faisait de la plongée sous-marine et du surf et c'est lui qui m'a initié aux activités de la mer. J'ai ainsi découvert le surf à l'âge de 8 ans, fait de la plongée avec lui et j'allais l'été à l'école de voile. Mon enfance, c'est un apprentissage continu de la mer. Les souvenirs sont toujours là de ces sorties sur l'océan avec les copains à se tirer la bourre, à résister aux coups de vent. Et puis il y a l'exaltation provoquée par la plongée, le plaisir de respirer sous l'eau et de profiter de cet autre monde.

En surf, ce sont les bonheurs de la glisse qui guident tout. Le ressenti est difficile à expliquer : c'est tellement incroyable de savoir que l'on peut tenir debout sur une planche en étant uniquement poussé par la force des océans. Le surf est une belle métaphore de la vie :

il s'agit de rester en équilibre sur une surface mouvante en permanence. Surfer nécessite aussi de comprendre la houle, les vagues, le vent, les conditions. En somme, de développer progressivement une culture de la mer. On découvre des endroits magnifiques, on savoure le fait qu'aucune vague n'est similaire et on prend plaisir à être en harmonie avec l'océan.

« La Polynésie, le plus bel endroit au monde »

Les sports nautiques sont toujours restés pour moi des plaisirs, des respirations. J'allais souvent faire du hobby-cat ou du surf pendant mes années aux Girondins de Bordeaux et je suis toujours revenu, dès que j'avais un break, pour profiter du bassin d'Arcachon et des sorties en mer. Quand ma carrière de footballeur s'est terminée et que j'ai débuté ma deuxième vie, j'ai multiplié les sorties en plongée et les road-trips en surf. Les sports nautiques m'ont aidé à tisser un lien fort avec l'océan, ils ont éveillé ma conscience et mon amour pour la nature. Je m'y sens à ma place, je m'y sens en paix, exactement ce que je ressens en étant à la montagne. J'ai ainsi découvert ce qui est pour moi le plus bel endroit au monde quand on aime l'océan : la Polynésie française.

Les paysages, les couleurs, les sensations… Tout y est beau, sous l'eau et sur l'eau. Cela revient à percevoir ce que les Polynésiens appellent le "mana", cette force surnaturelle qui s'imprègne des éléments, cette puissance que l'on ressent lorsqu'on explore les lieux. Là-bas, la nature est puissante et on s'y sent bien, simplement. J'y ai vécu de grands moments d'émotion, des interactions avec les espèces marines qui resteront à jamais gravées dans ma mémoire. Il y a ces dauphins qui jouent avec les vagues d'un bateau, ces raies qui semblent voler, cette baleine majestueuse qui protège un baleineau, ce requin tigre de plus de quatre mètres qui me fait face lors d'une plongée… Il faut passer du temps dans l'eau, apprendre à respecter leur environnement, leur espace et saisir à quel point ce sont des animaux sublimes et majestueux.

« Parfois, on se dit que c'est ridicule de jouer avec nos vies »

En les contemplant, tu comprends que tu es dans leur monde, que tu es petit face à l'immensité et que tu ne dois pas les déranger afin qu'ils acceptent ta présence. Ces espèces sont chez elles, aucune n'est nuisible ou prédatrice. J'ai eu la chance d'observer de nombreux requins qui sont des animaux indispensables à la chaîne alimentaire. En Polynésie française, leur territoire est connu et la cohabitation avec l'homme se déroule sans heurt. Ils contribuent à l'équilibre de toute la chaîne alimentaire et leur protection est une nécessité. Ils sont difficiles à appréhender depuis la surface mais sous l'eau, la perception est différente. Le fait de plonger, d'aller vers eux, contribue à ne pas avoir peur et à mieux les comprendre.

Vivre ces moments extraordinaires nécessite un profond respect pour les océans et la biodiversité. Le problème de l'homme, c'est sa tendance à se penser partout chez lui sur la planète. Cela fait plus de trente ans que je m'investis auprès d'associations, notamment la Surfrider

Foundation. J'ai commencé à une époque où tout le monde s'en foutait mais ça me paraissait juste normal de donner un coup de main. Nous voyons tous les impacts concrets du réchauffement climatique. On ne peut que se réjouir que les scientifiques alertent et que la prise de conscience soit davantage partagée. Mais il faut que les mesures suivent vraiment, que l'on passe enfin des discours aux actes ! »

EN BREF

Né le 9 décembre 1969 à Saint-Jean-de-Luz

Depuis 1990 : Membre de la Surfrider Foundation

1998 : Champion du monde de football

2000 : Champion d'Europe de football

2006 : Sixième et dernier titre de champion d'Allemagne (avec le Bayern Munich)

2020 : Co-réalisation du documentaire « Ma'o Mana, l'esprit du requin »

SÉBASTIEN **MARTINOT**

« Derrière nos engagements, un attachement fusionnel avec la mer »

Il est à la tête d'un fleuron de la Marine nationale, un bâtiment qui cumule tous les superlatifs : le *Charles-de-Gaulle*, 261,5 mètres de long, 42 500 tonnes, 30 avions de chasse, 1800 membres d'équipage et 300 tonnes de munitions… Pouvoir faire décoller des aéronefs depuis le pont d'un bateau nécessite une coordination rare entre nombre de professions, un navire nucléaire et un savoir-faire dont la France est le seul pays, avec les États-Unis, à disposer. Au-delà de sa mission, chaque membre de l'équipage cultive un lien certain avec l'océan qui lui offre, parfois, l'occasion de souffler et de le contempler. Officier de marine et pilote de chasse, Sébastien Martinot a occupé le poste de commandant pendant deux ans, jusqu'à l'été 2023. À travers sa propre expérience et son regard, il raconte le lien que ces militaires tissent avec la « communauté des gens de mer ».

« On ne devient pas marin sans avoir été touché par la mer pendant l'enfance. Même si j'ai grandi en Bourgogne, nous allions en vacances sur la côte avec mes parents. L'horizon de la mer a toujours été quelque chose d'assez exaltant, tout comme la sensation de bien-être que j'éprouvais sur un voilier avec mon parrain, lorsqu'on sortait en mer à Saint-Malo. Lors de mes années lycéennes, j'étais séduit par le métier de pilote de chasse embarquée, qui faisait se rejoindre le milieu aéronautique et le milieu marin. Ça coïncidait avec la construction du porte-avions *Charles-de-Gaulle* et le développement d'un nouvel avion, le *Rafale Marine*. Je suis rentré à l'École navale et j'ai tout de suite été séduit par les matières proposées : la navigation, la navigation astrale, les sciences de la mer… J'ai eu la chance de faire l'essentiel de ma carrière en étant embarqué sur le porte-avions comme pilote, commandant de flottille, commandant adjoint puis commandant.

Embarquer sur un bateau est toujours une aventure particulière, loin de notre milieu naturel. La mer, c'est la possibilité de projeter un navire, d'opérer en mer, de défendre la France, ses intérêts et ses alliances. C'est aussi l'opportunité de vivre des moments forts et riches, à la fois personnellement et collectivement. Lors des missions longues, on a l'occasion de découvrir ce qu'est réellement le monde, saisir ce que peut être la haute mer, ces espaces qui appartiennent à tous et à personne à la fois, mais aussi rencontrer d'autres horizons, d'autres cultures, d'autres climats… Cette idée de découverte, associée à la volonté constante d'être utile, ne fait que renforcer le lien affectif que l'on tisse avec la mer.

« Une capacité à fédérer l'ensemble des cultures »

À bord, nous sommes environ 1800 personnes. C'est comme une ville avec de nombreux villages agglomérés entre les différents services de l'équipage du porte-avions (de la res-

Nettoyage du pont d'envol du *Charles-de-Gaulle*

tauration aux opérations en passant par la propulsion nucléaire ou la navigation), le groupe aérien embarqué (les pilotes, techniciens aéronautiques, officiers de renseignements) et l'état-major du groupe aéronaval. Des métiers extrêmement différents se côtoient et s'imbriquent ensemble. L'atmosphère est marquée par une empreinte assez hiérarchique : c'est avant tout un navire de combat et il est primordial qu'un bâtiment aussi complexe soit bien organisé pour fonctionner. Cette hiérarchie n'est pas éloignée de celle d'un bateau de plus petite taille et elle contribue, aussi, à un réel esprit d'équipage, une capacité à fédérer l'ensemble des cultures et des professions impliquées. L'interdépendance entre chacun nécessite une symbiose et une cohésion de chaque instant, que seul le temps peut rendre optimales.

EN BREF

Né le 18 janvier 1978 à Auxerre

1997-2000 : Étudiant à l'École navale

2000 : Officier de marine sur une frégate lance-missiles

2003-2015 : Pilote de chasse embarquée

2013-2015 : Commande de la flottille de chasse embarquée 12F

2019-2021 : Commandant de la frégate *Lafayette*

2021-2023 : Commandant du *Charles-de-Gaulle*

Mission du *Charles-de-Gaulle* en Méditerranée, mars 2022

La présence sur un espace aussi restreint de 30 avions de chasse, de 300 tonnes de munitions et de près de 4000 m^3 de carburant oblige à faire preuve d'intelligence collective pour prendre en compte les risques et anticiper les dangers. En termes de savoir-faire, la Marine française est la seule à disposer d'un porte-avions nucléaire avec les États-Unis. Une telle cohésion n'est pas innée, elle se travaille et elle est exaltée, aussi, par la fierté de chacun d'être à bord du *Charles-de-Gaulle*. C'est la fierté de mettre en œuvre des systèmes uniques, d'entretenir ce patrimoine, de bénéficier de plus de cent ans d'expérience en matière d'aviation embarquée et de faire voler des avions sur un pont grand comme deux terrains de football. Si les nécessités de la mission nous animent au quotidien, il y a aussi des moments où on peut profiter de l'instant, de la relation de camaraderie, du ballet majestueux de ces avions qui appontent à 250 km/h et aussi du simple fait d'être en mer.

« Nous connaissons aussi nos devoirs de marin »

Nous sommes militaires, certes, mais nous sommes surtout des marins. Comme à bord d'un voilier, d'un paquebot ou d'un porte-conteneurs, nous vivons les mêmes choses, nous devons nous adapter aux aléas climatiques, aux imprévus et à l'environnement. On s'attache à muscler cette prise de conscience constante et cette capacité à être prévoyant en permanence. Nous connaissons aussi nos devoirs de marin et nous sommes d'ailleurs amenés à porter assistance.

Il nous est ainsi arrivé, au large de Marseille, de secourir un plaisancier qui était tombé dans une eau à 10°, par fort état de mistral. On a rapidement dépêché un hélicoptère, on l'a récupéré à bord avant de le soigner dans notre hôpital. Une profonde reconnaissance se lisait dans ses yeux. On comprend que nos destins sont liés, sur un gros comme sur un petit bateau, et qu'on fait tous partie de la communauté des gens de mer. Certes, nous sommes tous des militaires, engagés au sein de la Marine nationale, équipages de navires de combat. Et pourtant, derrière chacun de nos engagements, il y a un attachement fusionnel avec la mer. »

MOLÉCULE

« Je rêvais de mettre la tempête en musique »

Il est parti pendant 38 jours sur un chalutier pour une campagne de pêche en 2013, au Groenland en 2017 puis sur la plage de Nazaré en 2019. Auteur-compositeur, réalisateur et DJ, Molécule – de son vrai nom Romain de la Haye-Serafini – capte inlassablement les sons du large pour les restituer à terre, les travailler et les compiler dans des albums. En 2022, il équipait un des IMOCA du Vendée Globe, celui de Thomas Ruyant (*LinkedOut*), d'un dispositif de captation audio et vidéo inédit. Le film qui en est issu est une production artistique rare, sans doute l'une de celles qui illustrent le mieux les conditions harassantes vécues par les femmes et les hommes de mer. Molécule a le don de matérialiser l'indicible, de contribuer à comprendre cet univers lointain et l'interaction entre la puissance de la nature et les bateaux qui s'y aventurent. En s'attachant à vouloir écouter la mer, ses vagues et ses tourments, il permet surtout de mieux la voir et la comprendre.

« La mer me fascine, m'inspire et m'aspire. Elle m'émerveille et me terrifie, comme si on entrait dans une dimension différente ou un monde parallèle. Mes premiers souvenirs me ramènent à la plage, aux premiers questionnements, à la ligne d'horizon et à l'idée d'aller un jour voir ce qu'il y a derrière. La mer, c'est l'eau, l'élément qui compte tant, quelque chose de mouvant, de maternel, de vivant. D'un point de vue sonore, cela génère des vibrations, de l'harmonie et sa propre musique. S'il y a quelque chose de très fort sur le plan visuel, c'est aussi le cas pour le son. J'aime y aller, la contempler, l'écouter, m'en approcher et m'en inspirer à la fois comme voyageur et comme artiste.

« La mer, un fil conducteur puissant »

La musique, c'est de l'invisible. Elle permet de montrer une forme de réalité et de matérialiser une atmosphère. J'ai commencé à enregistrer mes allées et venues à l'université à Paris et ça fait désormais partie de mon travail. Après avoir fait le choix de faire de la musique ma vie, j'avais toujours cette envie de voir derrière la zone d'horizon. Dans un coin de ma tête, je rêvais de mettre en musique la tempête. Je suis donc parti avec mes instruments et mes machines pour composer à bord du *Joseph Rothy II*, un chalutier industriel. Je suis resté à bord pendant 34 jours, le temps d'une campagne de pêche, et j'en ai fait un album *in situ*. Ensuite et de manière inconsciente, les projets se sont enchaînés dont plusieurs autour de l'eau et de la mer.

C'est devenu comme un fil conducteur puissant alimenté par l'envie et la fascination. La musique permet d'exprimer des émotions ineffables, c'est le medium qui me correspond le mieux pour percer le grand mystère de la condition humaine, pour parler de l'invisible. Le son ne s'attrape pas, ne se voit pas, ne peut pas être retenu. Il y a une part de mystique qui pousse à se poser les bonnes questions, à trouver des réponses, à former un long processus de réflexion.

« Envisager le bateau comme un instrument de musique »

Au large, quand il n'y a pas de vagues ou de déferlantes qui se fracassent sur les côtes, comme celles de Nazaré au Portugal, il y a une forme de quiétude, un silence presque angoissant. Quand la mer ne déferle pas, elle ne fait pas de bruit. C'est l'écume qui crée le son, le contact avec la coque, le vent dans les voiles. Le projet que nous avons mené avec Thomas Ruyant – son monocoque, *LinkedOut*, a été doté d'un dispositif de captation d'images et de sons pendant tout le Vendée Globe, ce qui a fait l'objet d'un film, *29 173 NM* – visait à envisager le bateau comme un instrument de musique, car c'est au contact des éléments qu'il crée sa propre mélodie.

J'avais envie de cette expérience nouvelle avec "ceux qui vont sur la mer", comme les appelle Aristote. Mon travail artistique m'a permis de les côtoyer, d'échanger, de m'enrichir à leurs côtés. Il suffit d'une navigation à bord d'un IMOCA pour s'apercevoir que le son est partout. À l'instar des autres skippers, Thomas navigue en étant beaucoup à l'écoute du son, notamment pour savoir si une voile est bien réglée par rapport à la houle et à la force du vent. J'ai une réelle volonté de remettre le sens de l'écoute à sa juste place. C'est une façon de ressentir le moment présent, d'être en connexion avec l'extérieur, de faire résonner ce qu'il y a de plus fort en nous. Avec le dispositif qu'on avait mis en place, on montrait le regard du bateau sur le marin, on a essayé de donner à voir ce qu'il ressent lorsqu'il "chatouille" les femmes et les hommes qui partent dans de telles conditions.

Molécule prend plaisir à l'exploration maritime… sur tous les terrains

« La mer, c'est le passé, le présent et le futur au même moment »

Pour un musicien, le temps est un élément très important. Si le son et la musique ont un caractère invisible et impalpable, le seul aspect tangible dont ils ont besoin pour s'écouler, pour se développer, c'est le temps. En mer aussi, le rapport au temps est particulier, brouillé. J'aime cette mise en condition, cette obligation à se perdre dans un contexte. Je me laisse bercer par les éléments, par l'environnement en étant proche d'un état méditatif. Cela permet de créer les conditions de l'inspiration et de la création de manière fluide et naturelle.

EN BREF

2015 : Sortie de l'album *60° 43' Nord* suite à son séjour sur un chalutier dans l'Atlantique Nord
2018 : Sortie de l'album *-22,7°C* suite à une expédition au Groenland
2020 : Sortie du EP *Nazaré* sur Ed Banger
2022 : Sortie du film *29 173 NM* en immersion avec Thomas Ruyant

En mer, il faut accepter la perte de repères qu'on se prend rapidement en pleine figure. On rejoint alors cette dimension parallèle et ce champ vibratoire unique. Ce qui est fascinant avec une navigation, c'est qu'elle semble toujours hors du temps. La mer, c'est le passé, le présent et le futur au même moment. Il y a quelque chose de quantique, une sensation vertigineuse qui touche à des choses très profondes sur la condition humaine, sur la perception du vivant. Accepter cette forme de lâcher-prise, cela contribue à s'enrichir, à être plus ouvert. Et à se nourrir de la mer. »

52° 21.1
75°

210° 52° 21.0
75°
PILOT 165

ERIK **ORSENNA**

« Le large, le miroir de nos rêves »

Un homme de mots, de science et de large. L'académicien et auteur Erik Orsenna cultive avec les femmes et les hommes de mer des liens ténus. Mieux, il en connaît le langage, les aspirations et fait partie de leur monde. Ses vacances familiales à l'île de Bréhat, chaque été, lui ont donné les rudiments de la navigation. Au fil du temps, de ses écrits et de ses rencontres, Erik Orsenna a navigué partout dans le monde, aux côtés de nombre de marins d'expérience. Son expédition dans le Grand Sud avec Isabelle Autissier, en 2006, est l'un des plus beaux témoignages littéraires des aventures iodées. Rendez-vous à Brest, un matin de mai brumeux pour *Déclarations d'amour à la mer*. Erik Orsenna vient de naviguer avec Thomas Ruyant, le vainqueur de la Route du Rhum 2022, il s'apprête à reprendre la mer et y met les mots, surtout.

EN BREF

Né le 22 mars 1947 à Paris

1968 : Diplômé de l'Institut des études politiques de Paris

1983-1984 : Conseiller culturel de François Mitterrand

1988 : Prix Goncourt pour *L'Exposition coloniale*

1998 : Élu membre de l'Académie française

2006 : Voyage en Antarctique avec Isabelle Autissier, dont il tira *Salut au Grand Sud*

2010-2011 : Parrain de l'École des mousses

« Je suis un petit Parisien qui passe trois mois par an, depuis toujours, en Bretagne nord, sur l'île de Bréhat. La mer a été mon premier contact avec la nature, dans un endroit où les courants sont souvent forts. Mon père, ma mère, mon grand-père, ma grand-mère

Jean-Pierre Dick et Erik Orsenna au départ du Vendée Globe 2016 aux Sables d'Olonne

m'ont toujours raconté beaucoup d'histoires. Et quand ils n'en avaient plus, ils m'ont dit de lire et d'écrire si je voulais en raconter à mon tour. Ça a eu lieu au même moment où j'ai appris à naviguer.

Ces deux apprentissages sont identiques : sur la mer comme sur une page blanche, il n'y a pas de route, tout est à inventer. J'ai été seul sur un bateau à voile à 8 ans et c'est là que j'ai écrit mes premiers textes. Par ailleurs, je trouvais des similitudes dans les histoires que me racontaient ma famille paternelle, originaire de Cuba, et mes cousins bretons. Entre *Le Cheval d'orgueil* (de Pierre-Jakez Hélias) et *Cent ans de solitude* (de Gabriel Garcia Marquez), il y a une fraternité qui est à l'origine d'une conviction : le rationnel n'épuise jamais le réel.

« Rien de plus réel et de plus imaginaire que la mer »

En mer, on est à la fois intranquilles et dans la plus grande des quiétudes. Par essence, nous ne sommes rien face aux éléments. J'apprécie cet équilibre nécessaire entre humilité et détermination. Humilité parce qu'on n'ira jamais loin sans en faire preuve ; détermination puisque ce n'est pas parce qu'il n'y a pas de vent qu'on ne va pas sortir en mer ! La navigation permet d'apprendre énormément pour essayer de faire moins de conneries sur la terre ferme. Comme toute vie vient de la mer, les leçons de la mer sont toujours utiles à notre retour.

J'ai d'abord découvert la navigation à proximité des côtes. On y découvre le lien entre les règnes, entre le solide et le liquide, entre le ciel et la mer, entre toutes ces interactions qui nous fascinent. Le large offre une expérience radicalement différente. C'est le miroir de nos rêves et de nos terreurs, de nos songes et de nos légendes, le miroir pour ne pas voir sa gueule. La lecture nourrit évidemment ce qu'on ressent. On lit Joseph Conrad, Herman Melville, Victor Hugo et les *Travailleurs de la mer*… Tout est complètement lié. Il n'y a rien de plus réel et de plus imaginaire que la mer.

« Navigation et écriture, passions entremêlées »

L'écriture est une vie de marin à part entière. Il y a le même souci du détail, la même injonction à être précis, l'utilisation d'un vocabulaire à part aussi. En somme, on ne peut pas se laisser aller. J'ai passé huit semaines de navigation sur le petit bateau à voile d'Isabelle Autissier pour aller en Antarctique. J'écrivais dans une bannette sans hublot, au cœur de conditions particulièrement délicates. Navigation et écriture étaient entremêlées : quand je naviguais j'écrivais, quand j'écrivais je naviguais. J'écris tous les matins depuis l'âge de 8 ans et j'ai l'impression de naviguer tous les matins depuis l'âge de 8 ans. Au fil des années, le plaisir est toujours plus fort. À ceci s'ajoute la connaissance – j'ai navigué dans beaucoup d'endroits dans le monde – et puis il y a l'amitié avec les femmes et les hommes de mer. Et ça contribue à faire grandir.

À bord, on retrouve une forme d'insouciance, une jubilation d'enfant. Comme la mer est millénaire, on n'a plus d'âge lorsqu'on navigue. Quand je prends place sur un bateau aux côtés d'un équipage de trentenaires, j'ai certes quarante ans de plus mais il ne faut pas oublier que la mer est arrivée il y a des millions d'années… Tant que je resterai en forme physiquement et motivé à partir en mer, je pourrai toujours naviguer. Et je sais que je dépenserai mes dernières forces à bord d'un bateau. »

LOICK PEYRON

« Il me faut de l'eau autour de moi »

Il est l'un des skippers les plus brillants de sa génération et sa soif de large, comme sa bonne humeur, ne s'est jamais vraiment tarie. Loïck Peyron, c'est une gueule, une voix, un regard aussi, le visage façonné avec soin par les embruns et les éléments. Vainqueur de la Transat anglaise à trois reprises, de la Route du Rhum, de la Barcelona World Race, détenteur pendant cinq ans du Trophée Jules-Verne, Loïck s'adonne depuis à d'autres challenges : la Route du Rhum 2018 à bord de *Happy*, le fameux trimaran jaune qui a fait la légende de la traversée de l'Atlantique, le Mod70 entre copains et d'autres petits défis, tant que la jovialité l'emporte. Il est également de ceux qui arrivent le mieux à mettre des mots sur les femmes et les hommes de mer, à expliquer leur singularité et ce qui les unit. Pour *Déclarations d'amour à la mer*, Loïck Peyron a choisi de répondre aux questions depuis une plage des Caraïbes. Il n'a pas eu besoin de beaucoup de relances pour exprimer le lien qu'il tisse depuis tant d'années avec l'océan. De quoi offrir une déambulation paisible faite de verbes et de mots, le regard posé sereinement sur l'eau.

« La mer, c'est un des derniers espaces de liberté. Elle est accessible à tous, sur n'importe quel support. On est d'ailleurs moins libre sur un gros machin que sur un petit bidule ! La mer a toujours fasciné le terrien. Elle distingue ceux qui ont eu la chance d'y aller et ceux qui n'y vont jamais. Elle a parfois été vue en horreur, comme par les nombreux natifs d'îles qui ne savaient pas nager et pour qui elle était exclusivement réservée aux pêcheurs. Elle implique aussi un respect mutuel. Le danger de la mer, c'est notre perception : elle semble tellement grande qu'on croit à tort qu'elle peut tout avaler.

Loïck Peyron sur *Pen Duick II* avant le départ de la Transat anglaise 2016

En course, la vision est identique à celle que l'on a dans une voiture, ce qui est surprenant puisqu'on avance bien plus lentement. Tu ne regardes que la route, pas autour, un peu sur les côtés, ça défile et tu es incapable de décrire le paysage autour de toi. À bord, tu ne t'intéresses qu'à la prochaine vague ! Je me souviens de m'être dit, lors de mon premier Vendée Globe, au cœur de l'océan Indien : "Tiens, regarde la mer. Profites-en, tu es au milieu de nulle part, on n'y retourne pas en vacances." C'est intéressant de lever la tête, de t'obliger à regarder autour de toi, de prendre un peu de recul. Je n'étais pas obligé d'y aller pour ressentir ce besoin. Mais comme nombre d'addictions, on a toujours envie de ressentir les émotions de la première fois. Alors, on y retourne. J'ai l'impression tenace qu'il me faut de l'eau autour de moi, j'en ai depuis tout petit. Il me faut la mer, un ruisseau, une rivière, de l'eau qui s'écoule.

« Un éloge de la lenteur et de la monotonie »

Je me lasse peu du large. Depuis près de 40 ans, mon arlésienne est de dessiner mon bateau de croisière idéal pour partir en famille et élever mes enfants à bord. Je ne l'ai jamais fait – ils sont déjà élevés d'ailleurs – mais c'est marrant de regarder l'évolution architecturale de ce bateau. D'abord, ça a été un monocoque, puis un multicoque avant d'arriver à un objet plus lent, justement pour accepter la lenteur. J'adore être à 30 nœuds à bord d'un multicoque et doubler ceux qui partagent le plan d'eau avec moi. Avec le temps, je me rapproche d'une forme d'éloge de la lenteur, comme si j'acceptais davantage le temps qui passe. La mer est là depuis toujours et sera là bien après nous, quelles que soient sa force ou son calme. Ce qui est saisissant, c'est l'idée de voir la terre depuis la mer ou l'inverse, de constater qu'elles sont intimement liées.

Être en mer pour le simple plaisir d'être en mer, c'est un vrai bonheur, certes, mais ça peut aussi être assez lassant. Il y a une forme de monotonie, parfaitement partagée par tous les gens de mer, et c'est un certain luxe tant les activités monotones sont rares aujourd'hui.
Cette monotonie s'accepte parce qu'aucune vague ne ressemble à une autre, que chaque approche, chaque navigation est singulière par essence. On peut être au mouillage et contempler le paysage, être en régate en solitaire et stresser comme jamais, profiter d'un calme saisissant ou du chaos total. La mer, on la déteste parfois mais toujours en silence parce qu'on ne sait pas de quoi elle est capable. C'est une vengeresse.

« Sur un bateau, il n'y a pas de petits rôles »

Il y a une certaine "coquetterie" à naviguer. Si on voulait respecter totalement la mer, on ne devrait même pas construire de bateaux… Donc la respecter, c'est un vœu pieux ! Il faut avoir conscience du fait que la plaisance française, c'est un bateau qui navigue en moyenne quatre jours par an. Entre le plastique et le carburant, son impact environnemental est dramatique, bien plus qu'aucune autre filière. Contrairement à la voiture, son usage se cantonne à du loisir, ce qui est presque une hérésie. Mais d'un autre côté, la course au large donne un peu de chaleur dans la tête des gens dont les métiers ne sont pas faciles. Et quand on te dit merci, tu te dis que ça a au moins servi à ça.

EN BREF

Né le 1er décembre 1959 à Nantes

1999 : Vainqueur de la Course de l'Europe pour la 5e fois

2005 : Vainqueur de la Transat Jacques-Vabre pour la 2e fois

2008 : Vainqueur de la Transat anglaise pour la 4e fois

2012 : Trophée Jules-Verne, record du tour du monde en équipage (*Banque Populaire V*)

2014 : Vainqueur de la Route du Rhum (*Banque Populaire VII*)

La compétition fait pourtant ressortir les travers du genre humain, elle peut exacerber nos mauvais côtés. En ce qui me concerne, j'essaie d'entretenir les valeurs que l'on attribue, à juste titre, à la mer et aux personnes qui sont dessus, aux marins au sens large. J'admire les pêcheurs de morues au large de Terre-Neuve, ceux qui partent pour de longues campagnes en mer. Mon père était commandant, capitaine au long cours et ça a contribué à ma fascination pour ce milieu. À bord, il y a aussi besoin d'une hiérarchie pour faire en sorte que tout fonctionne. Elle est historique, ancestrale, indispensable et rassurante. Sur un bateau, il n'y a pas de petits rôles, il s'agit seulement d'être légitime. Et les leçons de vie collective fonctionnent parce que la mer fait office de dénominateur commun. »

CHARLINE **PICON**

« L'océan me recharge »

C'est une passion débordante. Pour son sport, la planche à voile, et les sensations qu'il procure. Pour ses plus prestigieuses compétitions et le vertige d'un titre olympique. Pour son cadre aussi, toujours différent, face à certaines des plus belles baies du monde. À moins de 40 ans, Charline Picon est l'une des véliplanchistes les plus titrées du sport français. Cinq titres de championne d'Europe, un du monde et des podiums en pagaille. Installée à La Rochelle, cette sportive accomplie, devenue une mère comblée, est toujours parvenue à rester au sommet. Une leçon de fraîcheur et d'enthousiasme, une bouffée d'air frais, jamais loin de cet océan qu'elle chérit tant.

« Cette passion remonte à l'enfance. J'ai toujours vécu au bord de l'eau, j'avais fait de la natation et j'adorais y être immergée. C'est un élément dans lequel je me trouvais bien. J'ai découvert la voile avec l'école et ce qu'il reste de ces premiers souvenirs, ce sont les moments d'amusement, le fait de jouer et de prendre simplement du plaisir. Je ne cultivais pas vraiment le rêve de devenir championne olympique de planche à voile. Ça a été une progression linéaire entre mes différents clubs, le sport-études et mon niveau qui augmentait au fur et à mesure.

« Les défaites sont plus importantes pour construire les victoires »

La planche à voile, c'est mon "sport passion". Il y a les sensations de glisse, de liberté tout en profitant de l'environnement et des paysages qui nous entourent. C'est un sport où le décor, les éléments changent tout le temps et ça donne la sensation de n'en avoir jamais fait le tour. Je me souviens de la baie de Rio : on rentrait par 15 nœuds de vent, sous le Corcovado avec le coucher de soleil… On a juste l'impression qu'on n'a besoin de rien d'autre ! Lorsque je jette un œil sur mes plus belles émotions, il y a forcément le titre olympique de 2016 à Rio.

Je garde aussi des souvenirs très précis de mes premiers Jeux Olympiques, à Londres en 2012. Bien sûr, le résultat avait été décevant (8e) et je me suis écroulée, en pleurs, convaincue que je n'arriverais jamais à atteindre mon objectif. Mais cette image-là, elle m'a beaucoup servi pour la suite, elle m'a motivée, elle m'a poussée à progresser. Il y a toujours plus de défaites que de victoires dans la vie d'un sportif et on finit par se rendre compte que les défaites sont plus importantes pour construire les victoires. Elles permettent de se remettre en question, de définir les bons objectifs, de savoir ce qu'il faut changer pour progresser.

« Besoin de me ressourcer en pleine nature »

Je pense qu'il est indispensable d'entretenir toujours la flamme, la dimension plaisir, même à l'entraînement. La passion de ce sport, celle des Jeux Olympiques et de la compétition permettent au corps de tenir le coup, de maintenir une bonne hygiène physique et surtout de se battre. Un projet olympique, c'est particulièrement éprouvant parce que c'est quelque chose de très engageant à la fois sur le plan physique et sur le plan mental. On signe à chaque fois pour quatre ans et ce ne sont pas des décisions faciles à prendre, surtout lorsqu'on est maman. Je peux aussi compter sur le soutien de mon conjoint sans qui je ne pourrais pas gérer mes déplacements et mon emploi du temps.

Charline Picon aux championnats d'Europe de RS:X 2021 à Vilamoura (Portugal)

Quand je ne suis pas à l'entraînement ou en compétition, j'ai besoin de me ressourcer en pleine nature, faire du surf ou simplement aller voir l'océan. M'y baigner, c'est une façon pour moi de reprendre de l'énergie, de déconnecter le mental, la pression qui va avec, et de souffler. Je fais toujours la distinction entre la mer et l'océan parce que je ne ressens pas du tout la même énergie quand je suis en Méditerranée ou dans l'océan Atlantique. C'est l'océan qui me recharge avec son odeur, ses marées et parfois sa houle, ses vagues qui explosent sur la plage. On fait face à une idée de puissance, à l'immensité et à la ligne d'horizon, aussi.

EN BREF

Née le 23 décembre 1984 à Royan

2014 : Championne du monde de RS:X

2016 : Championne olympique de RS:X

2016 : Chevalier de la Légion d'honneur

2021 : Médaillée d'argent en RS :X aux Jeux Olympiques de Tokyo

2021 : Championne d'Europe de RS:X pour la 5e fois

Depuis toute petite, ma fille est le témoin de mes projets olympiques. J'essaie de lui transmettre ces valeurs de l'olympisme et du sport mais aussi un certain rapport avec la nature. Le fait de la protéger, de l'aimer, de la ressentir… Ce sont des sujets que l'on aborde ensemble et certaines de ses réflexions me font dire que cela s'ancre dans sa mémoire. Elle aime l'eau, on y passe déjà beaucoup de temps ensemble. Et j'aimerais pouvoir un jour partager avec elle une session de surf ! »

RS:X
GBR561
CHN5

Charline Picon (numéro 4)
lors de la Coupe du monde 2015
à Hyères (Var)

ETA
115-B
CUVÉE
ANNÉE
DEGRÉ
H. LITRES
NOTES

EMMANUEL **POIRMEUR**

« Avec le vin, l'océan crée une palette aromatique inédite »

Et si le nectar des dieux n'appartenait qu'à Poséidon ? Emmanuel Poirmeur cultive depuis son plus jeune âge deux passions : l'œnologie et la mer. Le goût des embruns est sa madeleine de Proust depuis ses vacances à Saint-Jean-de-Luz au côté de son grand-père. Adulte, à l'heure où les rêves se doivent d'être réalisés, il a planté des vignes sur la côte basque, face à l'océan Atlantique, et décidé de tenter une expérimentation : immerger du vin afin que la fermentation se réalise sous l'eau au rythme des courants et des tourments de l'océan. Des cuves de 265 litres aux allures de bouées renversées sont soigneusement alignées sous l'eau, maintenues de 5 à 18 mois par des ancres écologiques. Depuis, chaque année, environ 200 000 bouteilles en sont issues et cette méthode inédite est convoitée partout dans le monde. Emmanuel Poirmeur en raconte la genèse tout en tissant un parallèle entre marins et viticulteurs qui partagent savoir-faire, exigence de qualité et passion chevillée au corps.

« J'ai découvert a posteriori que la mer était un fil rouge dans mon parcours. Plus que l'océan, j'ai besoin d'être entouré de l'eau, de l'élément liquide, et de distinguer l'horizon, aussi. Il y a également plein de moments troublants : l'habitude de m'endormir enfant avec les lumières des phares de Saint-Jean-de-Luz, le fait de m'habiller dès l'adolescence comme un navigateur – avec veste de quart, pull marin – alors que j'étais à Paris et la prise de conscience, surtout, que je n'étais jamais à l'aise en climat continental. Quand je suis parti travailler en Argentine, je traversais les Andes tous les week-ends pour aller m'immerger dans le Pacifique !

« J'ai rapidement fait le lien avec le maritime »

Dès mes 8 ans, j'ai décidé de devenir ingénieur agronome et œnologue. À 13 ans, je calculais que je pourrais faire mon stage de fin d'études en 2000 au château Margaux… Projet que j'ai réalisé onze ans plus tard ! Je me souviens d'une discussion à 20 ans avec mon grand-père alors que je venais d'apprendre les résultats du concours d'entrée à Agro Paris. Nous étions sur la plage de Saint-Jean-de-Luz, dans l'eau jusqu'au torse. Je lui ai dit que je voulais vivre ici, que mes enfants y grandissent, et faire du vin sur les flancs de montagnes environnantes. Après un parcours dense et divers à travers le monde viticole, j'ai démarré à moins de 30 ans l'aventure EGIATEGIA (« l'atelier des vérités » en basque).

Quelques années plus tôt, alors que je vinifiais en Argentine, j'ai réalisé que pour faire des vins effervescents selon le procédé Xarmat (cuve close), on cherchait à reproduire des conditions physiques particulières en permettant au vin de monter en pression tout en gardant une température stable. J'ai rapidement fait le lien : ça correspondait exactement aux conditions sous-marines que je connaissais.

Je ne voulais pas faire de l'élevage de bouteilles de vin sous l'eau mais bien essayer de fermenter du vin en vrac et en cuve. Lors des premières expérimentations en 2008, on a constaté qu'au bout de 6 mois, le vin avait parfaitement refermenté et que des arômes typiques dus à la dégradation des levures lors d'élevages très longs étaient apparus. L'océan, selon les conditions particulières de chaque site, crée ainsi une palette aromatique inédite et propose une expérience gustative nouvelle.

« L'eau et le vin sont intimement liés »

Avec le temps, nous réalisons que les enjeux dépassent largement l'aspect technique. Ils interrogent sur notre propre perception du milieu aquatique, cette relation intime à l'eau, ce mélange d'attraction et de répulsion, d'enthousiasme fou et de peurs enfouies… Cette quête aromatique est une quête vers la différence. Le rôle d'un viticulteur n'est pas de produire une boisson alimentaire et commerciale mais de susciter des émotions, d'être un amplificateur de moments de partage, abordables et chaleureux. Ce qui m'intrigue, c'est de découvrir chaque jour à quel point l'eau et le vin sont historiquement et intimement liés.
Certes, le vin est composé à 88 % d'eau, mais ce n'est pas tout : longtemps, on mesurait la capacité de charge d'un bateau en tonneaux. En effet, on embarquait de préférence du vin et des boissons alcoolisées lors des longs voyages pour éviter de boire de l'eau devenue rapidement non potable… J'ai toujours observé le monde maritime, ses interactions, ses acteurs pour m'en imprégner et m'en inspirer. Il y règne une culture de l'essentiel, de la sobriété, de la débrouillardise. Les marins sont les lointains cousins des astronautes d'*Apollo 13* : même adrénaline, même force d'attraction, même forme de jouissance à parvenir en permanence à trouver des solutions, à contourner les obstacles.

« Nous dépendons de l'océan »

Nous sommes devenus une activité maritime à part entière dans le port de Saint-Jean-de-Luz, comme les pêcheurs, ou ailleurs les ostréiculteurs. Comme eux, nous dépendons totalement de l'océan et nous sommes attentifs à ne pas participer à sa dégradation. Je suis triste de ne

Emmanuel Poirmeur, précurseur de la vinification sous-marine

plus retrouver mes marqueurs d'enfance : les hippocampes ont presque disparu, les étrilles et chapeaux chinois se font rares, mon océan verdit d'algues et sent de moins en moins la mer…

Grâce à des contenants lisses, fixés via des ancres à vis écologique, l'impact sur la biodiversité est le plus réduit possible et un écosystème s'est même reconstitué, la présence des cuves entraînant l'interdiction de la pêche et du chalutage des algues. Et nous avons déjà ramené à l'Ifremer cinq espèces d'algues, dont d'étonnants laminaires encore jamais vus ici !

Ce souci de l'environnement et de la nature, ce rôle de vigie du sous-marin, se traduit sur nos étiquettes, via un message encourageant à soutenir la Water Family, une association qui sensibilise à la protection de l'eau et du vivant. Je ne conçois pas de faire autre chose que partager cette passion pour l'œnologie et pour le milieu océanique. Et je serai fier si cela contribue à apporter une petite pierre à sa préservation et à sa défense. »

EN BREF

Né le 30 juillet 1976

2000 : Stage de fin d'études au château Margaux
2007 : Dépose le brevet « Vinifications et élevages de vins en conditions sous-marines »
2008 : Lance EGIATEGIA et réalise la première vinification subaquatique
2009 : Plante ses premiers plants de vignes sur la corniche à Urrugne
2017 : Dépose le brevet « Transformations de substrats organiques terrestres en conditions sous-marines »
2017 : Lance Winereef, réseau international de « wineries » sous-marines
2019 : Lauréat du concours « Réinventer Paris » pour les réservoirs de Passy avec Winereef
2023 : Plusieurs projets Winereef en cours : Australie, Canada, Portugal, Italie…

Ministère chargé de la
Réserves
Naturelles

PASCAL **PROVOST**

« La nature n'est pas rancunière »

Imaginez : un territoire préservé des pressions de l'homme. Une zone de 19 700 hectares, la deuxième plus grande réserve naturelle marine de l'Hexagone, où la nature est reine. Aux Sept-Îles, le quotidien est rythmé par les allées et venues des fous de Bassan, des macareux, des pingouins ou des phoques gris. Afin de les observer, de les recenser, d'apprendre à les comprendre davantage et de les protéger, Pascal sillonne les rivages, plonge et documente, un travail en lien constant avec les autorités, les usagers du territoire et la communauté scientifique. Conservateur de la réserve, il est en première ligne pour observer les animaux marins, leurs comportements et leurs exploits du quotidien. Il raconte.

« Cette réserve naturelle est une page de notre histoire commune en matière de conservation. En 1912, un collectif d'érudits, d'écrivains, de juristes, d'artistes, d'agronomes et la toute jeune Ligue pour la protection des oiseaux ont encouragé le préfet de ce qui s'appelait alors les Côtes-du-Nord à interdire la chasse aux macareux. Ils voulaient mettre fin aux safaris organisés par la Compagnie des chemins de fer de l'ouest. La Ligue pour la protection des oiseaux a assuré le gardiennage de cet espace de droit privé avant que le statut de réserve naturelle soit instauré en 1976. Depuis, l'association gère la réserve en convention avec l'État. Près de 20 000 hectares sont ainsi protégés entre la baie de Perros-Guirec, l'archipel des Sept-Îles et le plateau des Triagoz. L'absence de débarquement sur la plupart des îles, des mesures telles que l'éradication des rats et la définition d'une zone de quiétude en mer permettent à la faune marine de bénéficier d'une tranquillité absolue pour la période sensible de la reproduction.

« Il y a tant de beauté chez ces oiseaux marins »

C'est un petit territoire préservé en bordure de la Manche, avec près de deux milliers d'espèces inventoriées et 10 % des espèces d'oiseaux marins de France métropolitaine. Les phoques et les oiseaux en sont la partie visible mais l'écosystème sous-marin y est particulièrement riche avec différents habitats, dont les forêts d'algues laminaires qui abritent des centaines d'espèces associées. Mon métier, celui de gestionnaire de l'aire marine protégée, repose sur trois piliers : observer et rendre compte des états de conservation du patrimoine naturel, informer et sensibiliser les usagers sur la fragilité de ce patrimoine et veiller au respect de la réglementation par une police de l'environnement active.

Il y a tant de beauté chez ces oiseaux marins. Le fou de Bassan est celui qui a la plus grande envergure dans l'hémisphère nord (1,80 mètre). C'est une espèce qui est fidèle à son site de nidification et à son partenaire. Quand les couples se retrouvent, dès la fin janvier, ils

Macareux moine et dauphin de Risso, réserve naturelle des Sept-Îles

exécutent un rituel de parade, une forme de danse, avec des basculements du corps, de la tête, du bec, afin de consolider leurs liens. Ils sont aussi capables de parcourir 500 km en mer pour se nourrir avant de revenir au nid, d'assurer la passation quelques minutes et de laisser leur partenaire partir à son tour. On a récemment découvert que les colonies de fous de Bassan délimitaient elles-mêmes leurs zones de pêche par rapport aux colonies voisines et que la communication entre les individus et les générations était aussi très élaborée, que ce soit en mer ou dans les airs.

« Un espace de bienveillance »

Les macareux ont la taille d'un pigeon et leur bec est très coloré, d'où leur surnom de "clown de mer". Ils peuvent pêcher à plusieurs dizaines de mètres sous l'eau et stockent les sardines, maquereaux ou lieus dans leur bec pour nourrir leur unique progéniture. Les phoques gris peuvent, quant à eux, parcourir des distances incroyables, comme cette femelle équipée d'une balise Argos qui s'était rendue sur les côtes anglaises avant de traverser la Manche en une journée afin de mettre bas dans la réserve ; un souvenir incroyable. J'ai toujours été fasciné par les capacités cognitives des animaux. Plus je les étudie, plus j'admire l'intelligence et l'adaptation du règne animal à leur environnement marin. La diversité de formes, de vies et de comportements des animaux leur permet également d'éviter la compétition grâce à des biotopes de nidification ou des régimes alimentaires différents.

Ainsi, la réserve des Sept-Îles s'apparente à un espace de bienveillance à l'égard de la nature qui permet à chaque être vivant d'accomplir une partie de son cycle de vie, et notamment son processus de reproduction, à l'abri des regards. En tant qu'humains, il nous appartient de faire évoluer notre regard sur la nature, de ne pas la déconsidérer et de nous montrer plus modestes. Le bouleversement que l'on subit oblige à nous remettre en question, à changer de braquet, à être plus justes aussi. L'homme doit se positionner au sein du vivant, même si la planète nature trouvera en elle-même les ressources pour s'en sortir d'une manière ou d'une autre.

EN BREF

Né le 10 avril 1977 à Avranches (Normandie)
2007 : Diplômé de l'EPHE, école de biogéographie des vertébrés de Montpellier
2000-2012 : En poste à la réserve naturelle nationale de l'estuaire de la Seine
Depuis 2012 : Conservateur de la réserve naturelle nationale des Sept-Îles

« Décloisonner le travail scientifique »

À observer régulièrement ces animaux, on mesure leur adaptation extrême à leur environnement. Pourtant, même s'ils sont résilients, leur équilibre reste fragile. Depuis les années 1950, nous avons perdu plus de 70 % des communautés d'oiseaux marins dans le monde. En 2022, la colonie de fous de Bassan a subi des pertes importantes à cause de la grippe aviaire hautement pathogène, qui s'ajoute aux pressions constatées depuis 10 ans (baisse des ressources proies et noyades dans les engins de pêche). Des lésions oculaires sont visibles sur certains dont les yeux, auparavant bleus comme l'océan, sont devenus noirs, comme pour nous rappeler cette année sombre dans la vie de la colonie. Mais une nouvelle dynamique s'installe progressivement en 2023 avec l'occupation de nids vacants par des centaines d'oiseaux immatures qui assureront l'avenir de la colonie.

Cela démontre que la nature n'est pas rancunière, que la vie tente toujours de reprendre le dessus. Être au chevet de la nature, c'est pour moi plus qu'une vocation. C'est une intuition, une mission même, un devoir vis-à-vis des générations futures. Au-delà des mots et des publications, il est urgent d'agir en créant des aires marines protégées et en se donnant les moyens de les gérer. Il me semble important aussi de transmettre autrement, par le réveil de nos sens et nos émotions... Il faut décloisonner le travail scientifique, y associer la société civile et le monde de la culture et des arts pour instaurer des projets transversaux, pour développer une approche moins rationnelle et contribuer ainsi à ce que chacun s'approprie la nature. »

ICADE
ICADE

ANNE **QUÉMÉRÉ**

« En mer, se dépolluer du monde moderne »

Certains l'ont surnommée « navigatrice de l'impossible » et elle s'en amuse. « Si c'était impossible, ça se saurait. » Anne Quéméré, 57 ans, n'aime pas vraiment cette faculté des gens de la terre à coller des étiquettes et « à avoir beaucoup de mal à s'en débarrasser ». Sa trajectoire de vie a valeur de révélateur : une enfance à sillonner les îles bretonnes avec un père réalisateur de films sur la voile, une dizaine d'années à vivre son rêve américain de La Nouvelle-Orléans à New York puis un retour chez elle, en Bretagne. La suite, c'est une succession d'aventures en aviron (deux traversées de l'Atlantique), en kite (traversées de l'Atlantique et du Pacifique), une expédition au Groenland, le passage du Nord-Ouest en kayak et la conviction, surtout, que l'océan comme la nature peuvent faire office de miroirs de la nature humaine.

« On arrivait au ponton, on laissait nos cartables au fond du coffre, on laissait nos chaussures et on avait l'impression d'entrer dans un nouveau monde, un monde magique. C'était mon enfance en Bretagne, la mer présente en permanence, les navigations avec ma fratrie, les week-ends passés aux Glénan et l'impression que l'archipel nous appartenait. Autant j'ai très peu de souvenirs d'école, de camarades, autant je me souviens de tous ces moments en mer, de ces épisodes d'unité familiale, de liberté, de découverte, de curiosité.

« Une traversée de l'Atlantique comme un pèlerinage »

L'île d'Houat, Belle-Île-en-Mer… Chaque escale était l'occasion d'aller vers les autres, de découvrir d'autres personnes, de se nourrir et de s'enrichir de ces rencontres, de s'ouvrir à tous les possibles. Jeune, j'ai eu envie de partir aux États-Unis, vivre mon rêve américain. À 20 ans, on a la sensation que le monde nous appartient et à 30 ans, on a envie de vivre là où l'on sait qu'on peut accomplir ses rêves. Je suis donc rentrée en Bretagne – la seule condition que je m'étais imposée en revenant en France – et j'ai recommencé à naviguer. J'avais envie de retrouver la mer, de replonger dans le monde qui m'avait bercée. C'est là qu'a émergé l'idée

Autoportrait dans les glaces vers Cape Dalhousie, dans le Grand Nord canadien en 2018

de traverser l'Atlantique en aviron (réalisée en 2002), comme un pèlerinage. J'allais avoir enfin le temps de faire ce voyage introspectif, de trouver ma place sur l'océan, de trouver des réponses à des questions – même si cela m'a amenée à m'en poser plein d'autres.

En mer, tout devient assez basique, on revient à l'essentiel. Un peu comme une quête qui permettrait de se dépolluer du monde moderne, de toutes ces infos anxiogènes que l'on entend en permanence, de ces gens qu'on n'a pas envie de croiser, du fait de ne plus connaître ses priorités. L'aviron, c'est un métronome qui donne constamment le rythme. Il y a un côté extrêmement agréable à progresser à la vitesse d'un marcheur : je traverserais l'Atlantique comme un pèlerin faisant route vers Saint-Jacques-de-Compostelle. L'océan m'offrait un retour aux sources, avec de surcroît la sensation fabuleuse que la nature aura toujours le dernier mot, que tu ne contrôles pas grand-chose. Cela nous ramène à ce que nous sommes, à notre très petite condition humaine.

« Garder une âme d'enfant »

Ensuite, il y a eu une nouvelle transatlantique en aviron (2004) puis en kiteboat (2006), avant la traversée du Pacifique (2011), le passage du Nord-Ouest en kayak (2014-2015) puis en solarboat (2018)… Ce n'est jamais juste une succession d'aventures, mais davantage un chemin

Entraînement en kayak dans la baie de Concarneau avant une expédition en Arctique en 2014

et une philosophie de vie. On nous presse à progresser, à avoir un métier, un statut social, une place dans la société, à être façonné par le regard des autres, mais on finit par ne plus savoir qui on est. Chez moi, rien n'est jamais préparé ni même prévu. C'est aussi ce que nous apprend la mer : la météo peut changer, les vagues se déchaîner, obligeant à repenser nos projets. C'est ça, l'aventure. Ce qui m'anime, c'est l'envie de ne pas refaire éternellement la même chose et de découvrir sans cesse, de partir à l'inconnu, de me plonger dans la nouveauté et *in fine* de garder une âme d'enfant.

EN BREF

Née le 2 mai 1966 à Quimper

2000 : Retour en Bretagne

2002 : Traversée en aviron de l'Atlantique en solitaire (56 jours)

2004 : 2e traversée en aviron de l'Atlantique en solitaire (86 jours)

2006 : Traversée de l'Atlantique en kite-boat en solitaire (55 jours)

2010 : Expédition au Groenland (la « Grande dérive »)

2011 : Traversée du Pacifique en kite et en solitaire du Pérou à la Polynésie française

2014 : Passage du Nord-Ouest en kayak en solitaire

2018 : Passage du Nord-Ouest en solarboat en solitaire

En mer et en solitaire, il demeure néanmoins une frustration : celle de savoir que l'on ne pourra jamais raconter et décrire avec exactitude ce qu'on a vécu et ressenti là-bas. On ne pourra rendre compte que de fragments, de petites bribes de sensations. Sur l'eau, tout est exacerbé et les émotions nous dépassent. On ne peut pas tricher, on est totalement désinhibé. On peut éclater de rire, oublier la bienséance qui, à terre, nous retient, faire la paix avec soi-même, dans un état proche de la méditation. Et se sentir alors parfaitement heureux, plongé dans ce mouvement perpétuel qui compose notre quotidien et, surtout, plongé pleinement dans l'océan. »

PETRUS

YANN **QUENET**

« Prendre une caisse en bois, un bout de tissu et partir à l'aventure sur les mers »

Son désir d'aventure était si grand. Pendant près de 30 ans, Yann Quenet a rêvé de traverser les mers du globe, s'est enrichi de ces récits de marins au goût iodé qu'il dévorait depuis ses années de collégien. Après 17 ans à la DDE[1], une fois son fils devenu autonome, il est parti au large. Son crédo ? Petit bateau, petits soucis. Et voici Yann lancé sur les océans à bord d'un frêle esquif de 4 mètres, doté d'une voile de 11 m^2 qui ne peut dépasser les 4 nœuds de vitesse. Une ode à la lenteur, à la contemplation, aux rêves et à la nature. Yann se laisse dériver pendant les tempêtes, vit mal les jours sans vent et s'évade en regardant les nuages se mouvoir. Dans les ports, des Marquises à Saint-Brieuc en passant par Recife, l'aventurier suscite intérêt et curiosité. Un tour du monde de trois ans loin du tumulte des hommes, entre mai 2019 et août 2022, 360 jours en mer, 31 000 milles parcourus (50 000 km) et une certaine idée de l'existence.

« Un tour du monde à bord d'un bateau de 4 mètres ? Il faut être honnête, ça ne sert à rien, à part se faire plaisir ! Pourtant, j'ai tout de suite su que c'était une aventure qui était faite pour moi. Enfant, je voyageais par procuration, grâce à la lecture. C'était dans la bibliothèque de mon internat, en Vendée. J'y ai découvert les récits des grands navigateurs, d'abord Joshua Slocum puis Jacques-Yves Le Toumelin, Alain Gerbault, Christopher Jones et plus tard Bernard Moitessier… Avec eux, j'avais l'impression de prendre la mer, presque physiquement. Je m'évadais, je décollais, je ressentais la mer… L'océan et la navigation n'y étaient pas fantasmés, je comprenais que ce n'était pas toujours tranquille, que ça pouvait être dur, exigeant, qu'il fallait composer avec la solitude et les pépins techniques… Personne ne faisait du bateau dans ma famille mais j'avais ce rêve d'évasion, l'envie de prendre une caisse en bois, un bout de tissu et partir à l'aventure sur les mers.

1. Direction départementale de l'Équipement.

« Je me disais que mes rêves étaient trop grands »

L'un de mes premiers souvenirs de navigation, c'était sur la Loire, à Nantes, à 18 ans. J'avais acheté un bateau qui était en mauvais état. Certes, j'avais beaucoup lu mais j'avais très peu d'expérience, j'avançais vers l'inconnu. Je voulais rejoindre la mer et il fallait se lancer. L'apprentissage de la mer est long et jalonné de plein de petits éléments. Il faut partir, revenir, repartir, s'assurer sans cesse que toutes les conditions sont bien réunies. Au large, il n'y a plus de repère : je sais que ça peut en faire stresser certains mais ce n'est pas mon cas. Ce que j'apprécie plus que tout, c'est le sentiment d'infini et d'espace, et l'immense liberté que ce sentiment procure. On a l'impression de ne pas avoir de limite.

L'idée de partir avec un petit bateau s'est imposée au fil du temps. C'était ce qu'il y avait de mieux pour moi : petit bateau, petits problèmes. Et puis ça correspondait bien à mon état d'esprit. Les grands bateaux sont faits pour les grandes personnes, moi j'avais besoin d'un bateau d'enfant. Mon *Baluchon*, celui avec lequel j'ai fait mon tour du monde, je l'ai construit dans le hangar à côté de chez moi avec du contreplaqué, de la fibre de verre et de l'époxy. Cette circonvolution, c'était mon rêve ultime mais je n'y croyais pas trop, je me disais que mes rêves étaient trop grands. Lors de ma première tentative, en 2015, mon bateau s'était retourné au large du Portugal. Le temps était très mauvais, j'avais relâché mon attention et j'en ai payé le prix. J'ai dû me prendre pour un navigateur que je n'étais pas. C'était une bêtise. J'avais tout perdu et je devais repartir à zéro. Dès mon retour, je me suis installé dans le petit hangar à côte de ma maison. Et je me suis remis à construire un *Baluchon*, cette fois-ci un peu plus large.

« Je n'aime pas trop embêter les poissons »

À chaque départ, le rapport au temps est d'abord identique à celui des hommes. Et puis survient un moment où on ne compte plus les jours, où on perd la notion du temps. J'allumais une fois par jour mon téléphone pour me guider via le GPS. Je rationalisais mes bidons d'eau (2 litres bus par jour) et pour la nourriture, je ne suis pas épicurien, le basique me suffit. Des nouilles chinoises, des sardines en boîte… Je ne suis pas un pêcheur dans l'âme ; je n'aime pas trop embêter les poissons. Le plus dur, c'est le calme plat, l'impression comme au pot-au-noir que le vent ne reviendra plus jamais. Psychologiquement, ça peut être dur. Sinon, à ma vitesse, il faut avoir l'esprit qui vagabonde, être contemplatif, apprécier regarder les nuages.

Je lisais beaucoup. Une liseuse avec des vieux classiques, Jack Kerouac, Karen Blixen, Jean Giono, Jean-Jacques Rousseau…. Ce sont des livres que je n'aurais jamais lus et qui m'ont appris beaucoup sur les rapports humains. Ce voyage m'a changé : avant, à terre, j'étais très solitaire, timide, je fuyais le monde des autres. Mais lors de mes escales, j'ai tellement provoqué de curiosité que ça m'a permis de faire des rencontres. À ma grande surprise, le fait d'avoir été aussi seul en mer a contribué à m'ouvrir aux autres. Parfois, au large, on a la sensation tenace d'appartenir à l'endroit, même si on n'a rien à y foutre.

Il y a aussi les rencontres qu'offre la nature. De retour du Brésil, un oiseau de mer m'a accompagné quelques jours. Il se posait sur ma tête, restait sur le bateau, je lui donnais à manger, j'ai dû probablement lui parler et on avait tissé une forme de connexion. Dans une précédente traversée, j'ai aussi croisé un cachalot. Il était à un mètre du bateau, a sorti sa grosse tête dans mon sillage et j'ai vu son œil me regarder. L'instant était trop fugace pour avoir peur. C'était saisissant.

EN BREF

Né le 4 février 1969 à Nantes
2015 : Naufrage du *Baluchon* au large du Portugal
Mai 2019 : Début de son tour du monde à bord de *Baluchon*
Août 2022 : Fin de son tour du monde après 31 000 milles parcourus

Juste avant de revenir sur terre, surtout à l'issue de mon tour du monde, il y a presque du regret. On se répète que c'est déjà fini, qu'on aimerait rester encore un peu plus. Le fait de retrouver le contact humain permet d'oublier ce sentiment un peu morose. Et puis on se dit rapidement qu'on a envie de repartir encore. On est simplement fait pour ça. »

Canon

VÉRONIQUE **SARANO**

« Les cachalots nous ont acceptés »

Une vie d'engagement et d'écriture, une vie de mer, une vie à protéger ceux qu'elle appelle les « non-humains ». Océanographe, Véronique Sarano a sillonné les mers du globe. Avec son mari François, ils ont connu l'exaltation des expéditions Cousteau, ont fondé une association, Longitude 181, et n'ont jamais compté leurs heures pour les causes qu'ils défendent sans relâche. À l'origine d'une loi pour protéger les requins en Polynésie française, ils mènent depuis dix ans l'étude approfondie d'un clan de cachalots au large de l'île Maurice. Véronique raconte ce qui s'ignore chez ces êtres qui peuvent vivre 70 ans : leurs relations sociales, leur solidarité, leur culture et leur personnalité. Une façon de démontrer à quel point la rencontre avec les vivants est nécessaire si l'on veut mieux les préserver.

« Quand je suis en mer, je suis bien. Dès que je pose le pied sur un bateau, je suis en paix. J'aime sentir le bateau qui s'appuie sur sa hanche, l'eau qui bruisse sur la coque. Je suis en accord avec cet univers mouvant, ce mode de vie simple, ce rapport au temps long, hors du diktat du téléphone et des mails. Comme pour beaucoup, cela remonte à l'enfance : mon père était amoureux de la mer et on sillonnait la Méditerranée pendant les vacances. On est modelé par son enfance, j'en suis convaincue. La mer nous renvoie à notre dimension d'humain, elle nous oblige à nous plier aux caprices des éléments. À terre, nous avons l'impression à tort que la technologie permet de s'affranchir de la puissance des forces naturelles. En mer, sur cette surface qui couvre les trois quarts du globe, on est remis à notre place, comme le grimpeur sur la falaise ou le marcheur dans le désert. Et c'est plutôt rassurant.

« Tous portés par l'élan de Cousteau »

Pendant mes études d'océanographie, j'ai rencontré François, mon mari. Nous avons vécu l'aventure Cousteau, de 1985 à 1998, lui dirigeant les expéditions de la Calypso, moi militant pour la sauvegarde de l'Antarctique ou écrivant des reportages, des livres sur la mer et ses habitants. Souvent, les scientifiques ont un savoir livresque de la mer mais pas l'émotion que l'on ressent en étant sur et sous l'eau, à l'opposé de ce que l'on vivait auprès de Jacques-Yves Cousteau. Il nous a éclairés dans nos combats sans compter ses heures, il offrait son énergie extraordinaire. On était tous portés par cet élan. Après sa mort, nous avons décidé de fonder une association, Longitude 181, afin de poursuivre cet engagement pour le respect et la préservation des océans.

Il y a des combats qui restent. De 2003 à 2007, nous nous sommes mobilisés pour protéger les requins en Polynésie française qui étaient menacés par la pêche et le commerce des ailerons (le *finning*). On a lancé une pétition pour forcer le gouvernement de Polynésie à interdire la pêche et obtenu 40 000 signatures, c'était formidable à l'époque où les pétitions sur internet n'existaient pas ! Pendant trois ans, nous avons envoyé des paquets de lettres-pétitions au gouvernement Temaru avant d'obtenir une loi qui interdise leur pêche. C'est ainsi que la Polynésie est l'un des derniers endroits au monde où l'on peut rencontrer des requins. Plus tôt, avec l'équipe Cousteau, j'avais participé à la grande campagne de sauvegarde de l'Antarctique afin qu'il ne soit pas ouvert à l'exploitation minière. Résultat : ce continent a été déclaré "terre de science et de paix" et il est protégé pour 50 ans depuis 1991, ce qui est un formidable succès !

« Des rencontres magiques »

Je suis convaincue que les rencontres avec les animaux sauvages ont un impact déterminant. Elles apprennent le nécessaire respect et l'écoute de ceux que l'on ne peut pas comprendre, elles font prendre conscience qu'il faut les protéger et trouver un moyen de cohabiter harmonieusement. La particularité du monde sous-marin, c'est d'être caché sous le miroir de la surface, d'être invisible à l'immense majorité des humains, donc d'être ignoré. À terre, on voit les forêts qui brûlent, les oiseaux qui se font plus rares : on touche du doigt la perte de biodiversité. Mais personne ne soupçonne à quel point la mer est vidée, personne ne fait le lien avec notre surconsommation de poissons ou le rejet de polluants dans les égouts et les fleuves.

Nombre d'interactions avec les animaux m'ont marquée. D'abord, ma première rencontre avec une baleine, un rorqual commun, énorme, 20 mètres. C'était le 10 août 1994, en Méditerranée. La mer était lisse, on a vu ce souffle au loin et, chance extraordinaire, le rorqual est venu vers notre voilier, il nous a accompagnés pendant quelques minutes. Nous étions avec nos deux filles et nous avons partagé avec elles l'émotion de cette rencontre, l'entendre

Globicéphale s'approchant
du bateau de Véronique Sarano

respirer, voir cette énorme gueule ourlée de blanc sur la droite, le corps immense, bien plus long que notre bateau… C'était inimaginable ! Il y a eu aussi les raies mantas aux Maldives, être mêlés au tourbillon de leurs ailes gigantesques et de leurs gueules béantes qui engloutissent le plancton, les sentir nous frôler…

« Des mammifères comme nous »

Et puis, il y a les cachalots de l'île Maurice que j'observe sous l'eau, dans leur monde, depuis une dizaine d'années. Avec le temps, ils m'ont acceptée, ils nous ont acceptés. J'ai découvert leur vie de clan. Peu à peu, j'ai pu rentrer dans leur intimité. Il y a 15 jours encore, j'étais à quelques mètres de la nouvelle-née Myriam qui tétait sa mère Lucy. Oui, nous leur donnons des noms car nous les connaissons si bien. On accorde aux animaux familiers (chat, chien, cheval), ainsi qu'aux primates grâce à Jane Goodall, des comportements, des caractères et des envies, mais on a bien plus de mal à le faire avec des cétacés. Or, ce sont des mammifères, comme nous, qui vivent 70 ans. Les adultes s'occupent beaucoup des jeunes et leur transmettent leur culture que les jeunes modifient peu à peu, au fil de leurs expériences propres.

C'est un des rares endroits au monde où l'on peut côtoyer un clan de femelles et de jeunes, ce qui nous a poussés à initier un programme pour mieux les comprendre. Il fallait d'abord les reconnaître, en dressant la "carte d'identité" de chacun, puis on a établi la matrice de leurs relations sociales, pour définir les contours du clan, et cherché leurs liens de parenté via les analyses génétiques. Le laboratoire LIS (Informatique et système) de bioacoustique de Toulon a mis au point un enregistreur de sons unique au monde qui permet d'attribuer chaque émission sonore au cachalot qui l'émet, donc à son comportement. Plus je nage au milieu d'eux, plus je réalise que chacun a sa personnalité : certains sont timides, d'autres plus curieux, plus explorateurs ou joueurs…

Véronique Sarano filmant Eliot (de face) et la « crèche » composée de Mégane, Andréas et Zoé

« La nature est résiliente quand on lui fiche la paix »

Chaque année, avant de les retrouver, je me demande comment va le clan. À l'origine, en 2011, il y avait 17 femelles. Depuis, il y a eu 20 naissances. Le clan s'organise autour de la baby-sitter qui s'occupe de tous les petits. Elle surveille la crèche et la protège quand les mères vont chasser les calmars dans les profondeurs. Le clan est-il devenu trop gros ? Toujours est-il qu'il s'est divisé en deux. Dans le groupe sans baby-sitter, c'est Eliot, le plus âgé des jeunes mâles, qui joue ce rôle… À 12 ans, il aurait dû partir comme les autres mâles subadultes… Mais il attend qu'une jeune femelle atteigne l'âge de le remplacer. Un exemple de la solidarité qui caractérise la société des cachalots.

Eliot gardant sa petite sœur Chesna en compagnie de Tache Blanche, son cousin du même âge

Sous l'eau, j'observe que des couples de femelles sont fidèles, année après année. Je découvre l'attitude insoupçonnée des grands mâles qui, lorsqu'ils visitent le clan, communiquent avec les jeunes et semblent jouer un rôle social important. Ma curiosité va au-delà du scientifique, elle est relationnelle, je vis avec les non-humains, je tisse des liens avec eux. Ils ne nous attendent pas, certes, mais ils nous reconnaissent, ils nous acceptent. Depuis l'interdiction de la chasse à la baleine (1982), les populations de grands cétacés ont globalement grandi, elles reconquièrent les espaces qu'elles occupaient avant, ce qui démontre l'impact positif des mesures de préservation. La nature est résiliente quand on lui fiche la paix. C'est pour ça qu'il faut multiplier les réserves où les animaux peuvent vivre en paix.

J'ai la chance de partager cette passion, ces idées, et de mener ces combats à deux avec François. C'est formidable d'être sur la même longueur d'ondes surtout au regard du temps et de l'énergie que ça nécessite au quotidien et des inévitables moments de découragement. Nous ne sommes pas installés au bord de la mer mais elle est dans notre cœur. J'ai peut-être moins d'illusions avec l'âge mais j'ai toujours de l'espoir. Même si c'est désolant de voir que la majorité se perd, s'égare dans un consumérisme à tout-va. Cela renforce la nécessité, l'urgence de renouer avec les animaux sauvages, en les respectant bien sûr, pour qu'on ne les oublie pas. Sur terre, il est difficile d'approcher un oiseau, un renard, ils fuient immédiatement. En mer, l'animal ne fuit pas, il ne fait pas le lien avec le pêcheur qui le massacre. Bien au contraire, il nous considère comme une espèce "innocente", un animal comme un autre. Et il nous accompagne en paix. »

EN BREF

Née le 3 novembre 1957

1983 : Thèse d'océanographie

1984 : Traversée de la Méditerranée et de l'Atlantique à la voile

Depuis 1985 : Auteure de 17 livres, dont *Sauvons l'océan. Les 10 gestes pour (ré)-agir* (Rustica)

1988-1997 : Conseillère scientifique et rédactrice pour la Fondation Cousteau

2002 : Création de l'association Longitude 181

2007 : Vote de la loi interdisant la pêche et la commercialisation des requins en Polynésie française

2015 : Responsable des missions en mer pour le programme d'étude « La Voix des cachalots »

2019-2023 : Auteure de cinq publications scientifiques basées sur l'observation sous-marine des cachalots

Le cachalot Meric
au lever du soleil

BRETAGNE
Agaphone
BRETAGNE
GUIREC SOUDÉE

GUIREC SOUDÉE

« J'aime simplement être coupé du monde »

Il a la trentaine et a déjà connu plusieurs vies. Pourtant, ce qui surprend tous ceux qui le croisent à terre, c'est sa bonhomie, ses mille idées à la minute, son enthousiasme et sa capacité à être un remède à toute forme de morosité. La passion pour l'océan, ce panorama qu'il contemplait d'Yvinec, la petite île bretonne où il a grandi, a toujours fait partie de lui. Guirec Soudée est un rêveur, certes, mais un rêveur qui a accompli ses rêves. Partir seul et sans un sou à l'assaut des océans, même s'ils se déchaînent, s'enfermer dans les glaces, se confronter aux autres bateaux. Souvent, Monique était là, cette poule qui lui offrait des œufs et suscitait la curiosité. Et puis il y a toutes les autres rencontres, interactions avec le monde animal ou celui des hommes, comme autant d'instantanés d'une existence avec l'océan toujours en toile de fond.

« J'ai la bougeotte depuis toujours ! J'ai toujours eu envie de bouger, de faire de nouvelles rencontres, de me confronter à de nouveaux challenges. J'ai eu la chance de grandir avec mes parents sur une petite île bretonne, d'évoluer sans contrainte, d'être indépendant. J'ai eu du mal à l'école – j'en ai d'ailleurs changé treize fois –, j'avais un problème pour me concentrer, pour ne pas m'ennuyer. J'avais besoin de concret, d'extérieur, de nature.

« Ne dépendre que du vent et des éléments »

J'ai eu mon premier bateau à l'âge de six ans. Mes cousins et mes neveux savaient à peine faire leurs lacets et moi je partais déjà tout seul. Je me levais tôt le matin et je rentrais parfois à la nuit tombée pour poser des casiers, pêcher… Il y avait toujours une petite fierté quand j'arrivais à ramener à la maison un bar ou un homard ! Je ne pourrai jamais m'imaginer vivre loin de la mer. Et puis ça me faisait rêver, ça me fascinait. Mon père avait pas mal vadrouillé, traversé l'Atlantique en équipage et ses histoires ont toujours laissé une trace dans mon esprit. Je me disais que je voulais vivre ça, que la meilleure façon de voyager, d'aller d'un continent à un autre, c'était de traverser les océans.

Monique et Guirec

L'idée de ne dépendre que du vent et des éléments pour se déplacer m'enthousiasmait. Et puis j'avais fait mes calculs : la planète est composée à 70 % d'eau, il y a forcément des endroits à découvrir et une liberté à ressentir, aussi. Dès mon adolescence, l'idée de partir seul, longtemps, s'est imposée et ça a été un moteur. Je suis parti en Australie avec l'idée d'acheter un bateau et de revenir. J'ai fait toutes sortes de jobs, notamment passer plusieurs semaines en mer à bord d'un gros crevettier.

« L'impression de me sentir plus vivant que jamais »

C'est finalement en France, à mon retour, que j'ai acheté un bateau, je l'ai retapé avant de partir, pour les Antilles d'abord avant de mettre le cap vers le Groenland. C'est aux Antilles que j'ai rencontré Monique, qui m'a suivi dans nombre d'aventures. On est restés bloqués dans les glaces pendant 130 jours, dans une baie loin de toute civilisation. Il n'y a pas eu de soleil pendant 70 jours, les températures atteignaient parfois -60°C, j'ai perdu 13 kilos, je manquais de nourriture, je manquais de confort.

Pourtant, c'était une expérience incroyable. Parce que j'étais en harmonie totale avec la nature, parce que tu es à la limite du raisonnable, à la limite de ce que l'organisme peut endurer. Et parce que cela rend tout plus fort, plus intense. La sensation de plaisir est multipliée par mille et j'ai eu l'impression de me sentir plus vivant que jamais. Je me souviens des couleurs dingues que prenait le ciel, des aurores boréales – comme un cinéma géant ouvert sur la nature… Je gravissais parfois les sommets attenants pour faire du ski, je creusais des trous pour pêcher. J'ai eu l'occasion de voir un ours nager à deux mètres du bateau, un narval, un loup, des caribous, je ne sais combien de baleines… Après une telle expérience, ce n'est plus possible de revenir à une vie normale.

EN BREF

Né le 3 janvier 1992

2014 : Traversée de l'Atlantique à la voile en solitaire et sans assistance
2015 : Hivernage de 130 jours dans les glaces du Groenland en autarcie complète
2016 : Plus jeune marin à franchir le passage du Nord-Ouest
2018 : Passage du Cap Horn
2020-2021 : Traversée de l'Atlantique à la rame, aller-retour (181 jours)
2022 : Participation à la Route du Rhum à bord de l'IMOCA Freelance.com

« Démontrer qu'on peut se contenter de peu »

Je sais que l'opportunité d'avoir été aussi loin du monde des hommes ne se reproduira sans doute jamais. Ce tour du monde, ça a été à coup sûr la plus belle période de ma vie. Je pouvais prendre le temps, rien ne me retenait, je vivais au rythme de la nature et des saisons. Et puis c'est une façon de démontrer qu'on peut se contenter de peu, qu'il y a d'autres solutions, pour assurer nos besoins en nutriments, que le recours à l'industrie agroalimentaire. Je vivais avec une poule qui me permettait d'assurer mes besoins… Et je ne compte pas le nombre de personnes qui me prenaient pour un taré !

Parmi les autres aventures que j'ai eu l'occasion de vivre, il y a mes deux transatlantiques à la rame. À l'aller, j'avais lu le livre de Gérard d'Aboville, le premier à l'avoir fait, en 1981. Et ça m'a donné envie de revenir, de ne pas me contenter d'une traversée et de me confronter à des conditions plus dures qu'à l'aller. Il a d'abord fallu convaincre ma femme, qui était enceinte à l'époque. Et j'ai été servi. Dès le départ, j'ai galéré pendant plusieurs jours pour ne pas m'échouer sur les côtes canadiennes. Plus tard, j'ai dû faire face à une tempête tropicale. Le bateau s'est retourné et j'ai passé plusieurs heures en maillot de bain, sur la coque, avec les déferlantes qui n'en finissaient plus de s'abattre. Par miracle, j'ai fini par le redresser. Mais j'avais perdu mon téléphone satellite et donc toute possibilité de communiquer avec la terre. J'étais partagé entre la difficulté de ne pas donner de nouvelles – j'avais peur de la façon dont ma femme enceinte allait réagir et je pensais parfois au pire – et la pure liberté que je ressentais égoïstement, au milieu de l'océan.

J'ai dû attendre deux mois avant de tomber sur un cargo et de réussir à transmettre. Mon dessalinisateur ne fonctionnait plus, j'avais perdu 14 kilos. Au total, il a fallu 107 jours de mer pour cette transatlantique. Ça a été très dur mentalement, tu finis par te demander pourquoi tu fais tout ça… Et d'un autre côté, tu savoures chaque rencontre : une daurade que j'avais nommée Paulette, un requin blanc, une baleine m'avaient notamment suivi. À ceux qui me demandent si je suis un aventurier, j'ai l'habitude de rappeler que les vrais, il y a quelques siècles, aimaient partir mais ne savaient pas où ils allaient. Moi, j'aime simplement être coupé du monde. »

Yvinec entre ciel et mer,
hivernage 2015-2016

LE DEFI
AMERICA'S CUP 2003
AREVA
devoteam
CONSULTING

ROMAIN **TROUBLÉ**

« En mer, les mains dans la science »

Il a eu le parcours typique de ces marins talentueux qui disputent courses et régates tout au long de l'année. Un grand-père passionné de mer, un père brillant régatier, des vacances en mer pendant des années et des envies de compétitions, longtemps. Pendant dix ans, Romain Troublé multiplie les courses et compte même deux participations à la Coupe de l'America à Auckland. Et puis il y a le projet familial, l'achat de la goélette *Tara* et une prise de conscience, à la naissance de sa première fille, que les dégâts dus au réchauffement climatique, et donc aux hommes, sont déjà perceptibles et qu'il est urgent d'agir. Romain, comme les fondateurs et les membres de la fondation Tara Océan dont il est directeur exécutif, est en mission permanente. Pour démontrer, convaincre, prouver, expliquer et contribuer à ce que la préservation des océans soit une responsabilité commune absolue. Un combat mené dans les arcanes de l'ONU, dans les salles de classe et, surtout, auprès des chercheurs en mer.

« Je suis né près de la mer. Notre grand-père a donné ce goût de l'océan à tous ses enfants, notamment mon père, sa sœur, Agnès Troublé (dite Agnès b) et mon cousin, Étienne Bourgois. Mon père a construit sa vie autour de cette passion, il a participé aux Jeux Olympiques et a disputé la Coupe de l'America. Quand j'étais petit, je passais mes vacances là où il était, là où il faisait du bateau. Avec ma sœur, nous avions deux vies : l'une avec ma mère dans les Alpes, en Provence et en Bourgogne, l'autre avec mon père au bord de la mer. J'ai toujours aimé être en mer et j'en ai fait ma vie. J'ai été marin professionnel pendant dix ans, une décennie qui a été marquée par deux participations à la Coupe de l'America avec l'équipe de France. Quand ton premier boulot, c'est de faire du bateau, d'être payé pour être sur l'eau plus de 250 jours par an, c'est une super aventure. On passe tellement de temps en mer qu'on finit par la voir comme personne : on lit la mer, on perçoit le vent et les courants comme jamais.

« Une mission plus qu'un métier »

Quand Agnès et son fils Étienne Bourgois ont décidé de reprendre cette goélette, *Tara*, j'ai été invité à les rejoindre pour assurer sa gestion opérationnelle. J'avais 28 ans et je découvrais une autre voile : ce n'était ni de la croisière, ni de la régate. C'était faire du bateau pour étudier et protéger la mer. Au départ, j'ai mis au service de *Tara* mon savoir-faire et ma passion pour la navigation. Je dis souvent que je ne suis nulle part aussi bien qu'en mer. J'adore la liberté que ça procure, le fait qu'on se reconnecte à l'essentiel, qu'on se doit de maîtriser quatre dimensions – la géographie, le temps, la météo et le vent – avec humilité.

À la naissance de ma première fille, en 2009, la parentalité a fait basculer mon regard. L'urgence climatique, qui finalement me concernait peu, m'a sauté au cou lorsque j'ai pris conscience que ma fille serait encore là en 2100. J'ai réalisé à quel point il était urgent d'agir, qu'on ne pouvait pas se contenter de regarder la tragédie se dérouler sans rien faire. Cet engagement s'est décuplé en 2013 avec l'arrivée de mon fils Nemo et cela fait déjà 15 ans que je le porte, bien plus comme une mission, comme un défi que comme un métier.

« La science, ce n'est pas une opinion »

À ce moment-là, j'étais totalement abasourdi par notre niveau d'ignorance à propos de l'océan. Il y a tellement d'efforts à fournir pour plaider en faveur de sa protection, pour faire comprendre que c'est une question vitale. En étant à bord de *Tara*, en expédition, en navigation, on ne raconte pas ce que l'on croit mais surtout ce que l'on voit. Face à l'industrie, aux politiques, à leur méconnaissance du sujet, nous avons véritablement besoin de montrer chaque aspect, de disposer de données factuelles, de se baser sur des faits.

Nos combats scientifiques, appuyés par les plus grandes institutions de recherche, ont eu leurs effets, en contribuant à révéler l'importance des microbes de la mer, des planctons de la mer mais aussi en se battant pendant onze ans pour l'élaboration d'un traité international sur la haute mer qui a été adopté en mars 2023. Nous savons que nous n'allons pas sauver la planète avec *Tara*. En revanche, nous travaillons avec des experts qui connaissent les écosystèmes et construisent des expertises, apportent une vision, une philosophie de recherche et suscitent même des vocations. La science, ce n'est pas une opinion, ce sont des faits, des chiffres, des données, du pragmatisme.

« Notre impact collectif est ahurissant »

Avec la Fondation Tara Océan, nous sommes à la fois à l'ONU afin de plaider pour la gouvernance de l'océan, devant des écoliers – jusqu'à 150 000 par an – mais aussi en mer, "les mains dans la science". Ce grand écart est formidable et je prends toujours autant de plaisir en mer même en y étant moins. Je suis subjugué quand on affronte des creux de 11 mètres et des rafales de 70 nœuds. On se rend compte alors que nous n'avons rien à faire là, qu'à

La goélette *Tara* face à l'île de Teirio, dans l'atoll Abaiang (Kiribati)

notre échelle nous sommes insignifiants. Je me souviens d'avoir passé des heures sur le pont pendant cette tempête. Regarder cette énergie, cette eau barbare et en même temps voir des oiseaux qui s'amusent comme si de rien n'était. L'humilité bien connue du marin vous saisit.

Pourtant, au regard des données scientifiques et de toutes celles que l'on récolte avec *Tara* et les chercheurs, nous constatons que notre impact collectif est ahurissant. Il faut convaincre tous ceux qui pensent, à tort, qu'ils n'ont pas d'impact sur la biodiversité et l'océan à leur échelle. À bord de *Tara*, nous sommes constamment dans l'action, dans l'échange, dans le partage. Agir rend heureux, c'est un formidable combat contre l'anxiété.

Les nouvelles générations doivent transformer leur anxiété en engagement. Elles vivent une époque où tout va changer. Les métiers, les besoins en connaissances, les pratiques, les moyens d'expertises, la chaîne de valeur… Tout va être bouleversé. Ces enjeux climatiques, la pollution ou les maladies ne doivent pas être perçus comme des problèmes mais comme des défis auxquels nous faisons face. Il faut changer le prisme de la vie. Si les pays riches ne le font pas, qui le fera ? C'est en tout cas ce combat qui m'anime. D'une certaine façon, je n'ai pas le droit d'être pessimiste. J'ai des enfants, je les aime, j'ai envie qu'ils aient la meilleure vie possible dans un environnement stable donc ça ne laisse pas d'autre choix que d'être optimiste et engagé pour l'avenir. »

EN BREF

Né le 18 octobre 1975 à Antibes

1999 : Master 2 de biologie moléculaire à la Sorbonne
2000 et 2003 : Participation à la Coupe de l'America
2003 : Accompagne le lancement du projet Tara
2004 : Responsable opérationnel des expéditions Tara
2009 : Directeur général de la Fondation Tara Océan
2017 : Président de la plateforme Océan & Climat
2022 : Président de l'association Beyond Plastic Med

Adrien
De l'océan à la

JEAN-LUC **VAN DEN HEEDE**

« Un bateau, une roulotte sur la mer »

Il est de toutes les premières : Mini-Transat en 1977, Vendée Globe en 1990, Golden Globe Race en 2018… Jean-Luc Van Den Heede est un homme qui préfère les actes aux mots, raconter ce qu'il voit plutôt que ce qu'il ressent, vivre la mer plutôt que la décrire. Il s'est plu à faire partie de ces premières éditions qui marquent l'histoire de la course au large. L'homme au visage buriné par les océans et à la barbe fournie conserve un débit de voix lent, un paradoxe pour un marin qui s'est si souvent montré rapide sur l'eau. Sa dernière course, sans escale, sans assistance et sans moyen moderne de navigation l'a isolé pendant 211 jours de l'écho du monde des hommes. Un tour du monde au compas pour faire corps avec les océans et poursuivre sa longue route à lui, où les océans ont su récompenser sa pugnacité et son goût de l'effort.

« La mer est simplement l'endroit où je me sens bien. J'aime l'idée de vivre sur l'eau, de retrouver à chaque traversée une forme d'aventure, un semblant de “Robinson Crusoé”, une autonomie aussi. On se contente d'une vie simple, de peu de besoins : trouver les bons réglages, la bonne trajectoire, entretenir son bateau, se faire à manger, se reposer, se retrouver, si loin des obligations de la terre.

Quand j'ai commencé à naviguer, je n'ai jamais pensé que je ferais des tours du monde, d'ailleurs ça n'existait pas. Si j'aime autant aller en mer, c'est à cause des livres que j'ai lus. Les histoires de Marcel Bardiaux, de Joshua Slocum, d'Alain Gerbault, de Jean Merrien… J'ai des souvenirs très précis des *Navigateurs solitaires* de Merrien, ces histoires de mecs qui traversent les océans Atlantique et Pacifique dans des embarcations qui paraîtraient ridicules aujourd'hui. Je trouvais ça beau et excitant de traverser un océan et de visiter d'autres pays en utilisant seulement le vent. Pour moi, le bateau était avant tout un moyen de déplacement. On ne parlait pas d'écologie à l'époque et c'était économique par essence parce qu'un bateau, c'est ta maison, une roulotte sur la mer.

« Je me suis toujours senti privilégié »

Je me souviens de mes bateaux, d'abord un jouet que l'imagination de mon enfance faisait voyager, une sortie de pêche avec mon père à mes douze ans et mon premier bateau avant ma première voiture… J'aurais rêvé de découvrir l'Amérique mais je suis arrivé trop tard. Disputer les premières éditions, c'était toujours une aventure. On nous prenait pour des fous lors de la première Mini-Transat (la traversée de l'Atlantique sur des monocoques de 6,50 mètres, en 1977) et c'était aussi le cas pour le premier Vendée Globe (en 1990) et la Golden Globe Race (en 2019). On navigue aussi pour découvrir des coins qu'on ne voit pas et qui ne sont connus que dans les livres ou sur Google. À chaque course dont j'ai pris le départ, j'y suis allé pour

gagner. Je me suis toujours senti privilégié même si je m'en suis donné les moyens. En solitaire, tu es seul à te pousser, à avancer, tu ne peux compter que sur toi-même. Souvent, même si les connexions avec la terre étaient interdites, il nous arrivait d'échanger entre nous par radio HF, de se raconter ce qu'on vivait, d'apprendre à se connaître et, *in fine*, de former une famille.

Au fil de mes courses, j'ai vu des gens disparaître. Paul Vatine, Alain Colas, Gerry Roufs et ceux de la Whitbread… Parfois, il y a une part de mystère qui reste. Les coups de vent, les orages, les dépressions, l'état de la mer entraînent alors une forme de fatalité. Si on ne peut

Première tentative de tour du monde d'est en ouest en solitaire (2001)

pas l'accepter, elle existe et c'est aussi ce qui fait de chacune de ces courses des aventures. La peur ne survient que si on ne maîtrise pas son sujet. Cela tient souvent aux conditions météorologiques : je me souviens d'une tornade, de ne pas savoir où elle allait, de voir le bateau se faire aspirer et ne pas savoir comment il en était ressorti. Il y a les icebergs aussi, le souvenir angoissant de mon premier Vendée Globe à rester éveillé plus de 48 heures pour éviter les collisions…

EN BREF

Né le 8 juin 1945 à Amiens

1977 : 4e de la 1ère Mini-Transat (bateau de 6,50 m)
1990 : 3e du Vendée Globe (bateau de 18,28 m)
1998 : 2e de la Route du Rhum (bateau de 18,28 m)
2004 : Record du tour du monde d'est en ouest en solitaire (122 jours)
2018 : 1er de la Golden Globe Race (211 jours)

En parallèle, il y a également des coins exceptionnels, des baies fabuleuses, des mouillages superbes. La nature n'est jamais irréaliste mais peut se révéler splendide. Je me souviens notamment d'être descendu pour visiter le phare du Cap Horn. C'était le 1er janvier 2014, un moment exceptionnel. J'étais si souvent passé devant sans avoir eu la chance de m'y arrêter *[il l'a franchi à 12 reprises]*. La météo était plutôt bonne mais dès le lendemain, il y avait un vent de furie. Le Cap Horn, les Antilles, l'Islande, la Galice… Sur tous les continents, les panoramas peuvent être sublimes au point de rester longtemps gravés dans nos mémoires. »

LAURENT **VOULZY**

« L'océan, le miroir où les pensées se rejoignent »

« J'ai un rêve / Le rêve que j'ai, tout le monde le fait / Je rêve d'eau, mais d'océan / Ah l'océan… » En 1992, Laurent Voulzy chante la mer en reprenant des paroles de son complice de toujours, Alain Souchon. Au fil de sa longue carrière, l'océan n'est jamais loin, comme un trait d'union, comme un arrière-plan récurrent et si agréable, comme un rappel à son histoire et à ses racines entre les Antilles et l'Hexagone. Ses chansons ont été tant fredonnées par tous ceux qui aiment se plonger dans le bleu de l'océan. Qu'il ait le « cœur Grenadine », qu'il contemple la mer depuis « la baie des fourmis », qu'il chante les beautés de Belle-Île-en-Mer et de Marie-Galante, Laurent Voulzy a dans la voix la douceur et la tendresse que chacun de nous cultive au bord de l'eau.

EN BREF

Né le 18 décembre 1948 à Paris

1974 : Première collaboration avec Alain Souchon (« J'ai dix ans »)

1977 : Sortie de l'album « Rockollection », disque de platine

1979 : Sortie de l'album « Le Cœur grenadine »

1985 : Sortie de *Belle-Île-en-Mer, Marie-Galante*, élue meilleure chanson des années 1980

2001 : Sortie de l'album « Avril », récompensé aux Victoires de la musique et disque de platine

2006 : Sortie de l'album « La Septième vague »

2017 : Sortie de l'album « Belem »

« Étant originaire des Antilles, la mer fait partie de mon histoire. Mes ancêtres ont traversé les océans, qu'ils soient Indiens, des Caraïbes, Européens, esclaves venus d'Afrique, Indiens venus de l'Inde. Elle fait donc aussi partie de ma mémoire. J'ai d'ailleurs appris sur le tard qu'un de mes aïeux européens aurait été corsaire, qu'il aurait quitté Saint-Paul-de-Léon, en Bretagne, afin d'embarquer pour les Antilles sur un bateau de la Compagnie des Indes conçue par Colbert. Depuis toujours, mon histoire s'est écrite des deux côtés de l'Atlantique. J'ai été conçu en Guadeloupe, sous les alizés, au milieu de la mer des Caraïbes, avant que ma mère, enceinte, ne traverse l'océan pour Southampton, Le Havre puis Paris où je suis né.

À cinq ans, lors d'une partie de pêche avec mon cousin au bord de l'Eure, en Eure-et-Loir, je me souviens lui avoir demandé : "Est-ce que la mer est plus grande que ça ?" Ça l'avait fait rire, il m'avait répondu "oh oui". Deux ans plus tard, avec la famille chez qui je vivais lorsque ma mère était en tournée comme danseuse, j'ai vu la mer pour la première fois. C'était au Havre. Nous étions venus visiter le paquebot *Liberté*. Je me souviens avec précision de cet instant où la mer m'est apparue depuis la voiture qui roulait. Elle a surgi en haut d'une falaise. Je me souviens de sa couleur, bleu-vert, il y avait des moutons blancs sur l'eau. Et c'était immense.

« Secrète et éternelle »

À sept ans, je me suis baigné dans la mer pour la première fois dans les Côtes-du-Nord, comme on disait à l'époque, puis en vacances sur la presqu'île de Quiberon. La mer, c'était la liberté, la pêche à l'épuisette dans les rochers à marée basse, le masque et le tuba à marée haute. C'était l'aventure.

En grandissant, la mer n'a eu de cesse de m'attirer. Je ne me lasse pas de la contempler, j'aime être dessus et naviguer, et dedans aussi… Elle garde ses mystères avec ses créatures et ses sirènes. Elle est toujours en mouvement, ses couleurs changent et son chant varie. Elle reflète et transforme les teintes du ciel. La mer est pareille aux cathédrales, secrète et éternelle.

« Vers le même but, vers l'infini »

La mer est une source d'inspiration insondable.… Elle est une porte sur le monde, sépare les continents mais relie les peuples. Une personne qui regarde la mer ressent des émotions identiques qu'elle soit en Nouvelle-Calédonie, au Japon ou en Bretagne. C'est le miroir dans lequel toutes les pensées se rejoignent et convergent vers le même but, vers l'infini.

Je ne tire pas de fierté particulière de mes chansons mais je suis ému, parfois, d'apprendre combien certaines d'entre elles – entre autres celles qui évoquent la mer – ont compté dans la vie de celles et ceux qui les écoutent. Je pense à cette dame âgée, en Bretagne, qui a demandé que l'on joue *La baie des fourmis* à l'enterrement de son mari parce qu'elle le savait heureux quand il regardait l'océan assis devant un muret. Je pense aussi à ce navigateur qui écoutait *Cœur Grenadine* seul au milieu de l'océan. Comme vers le ciel et l'amour, vers l'océan viennent tous les rêves du monde.

Peinture de Titouan Lamazou,
quand terre et mer se rejoignent

CORDOUAN

TIFENN **YVON**

« Le bonheur est ici, les pieds sur terre »

Ça a commencé par un rendez-vous, une interview puisqu'elle était correspondante pour *Ouest-France*. Dans le Morbihan, Tifenn Yvon a rencontré Jean-Noël, ostréiculteur, et elle ne l'a plus jamais quitté. Le changement de vie paraît radical alors qu'il s'inscrit dans une certaine filiation : un grand-père marin-pêcheur et un arrière-grand-père commandant de la marine marchande, une enfance sur la côte, de jeunes années à être monitrice de voile... Tifenn est touche-à-tout, curieuse, avide d'apprendre et de transmettre. La mer et quelques-unes de ses représentantes iodées, les huîtres, sont devenues des incontournables de son existence. Pourtant, ce quotidien-là, si tributaire des conditions météorologiques, n'a rien d'un long fleuve tranquille, plutôt d'une histoire passionnée avec ses rebondissements, ses doutes et ses moments d'apesanteur.

« Si je suis arrivée aux huîtres, c'est par amour, tout simplement. Je devais faire le portrait d'un gars du coin pour *Ouest-France* et le gars du coin, c'était Jean-Noël. Je suis arrivé à 10 heures et j'ai tendance à dire que je n'ai jamais fini cette interview ! Il m'a raconté son parcours, à la fois personnel et professionnel, et ça m'a beaucoup touchée. La vie de l'huître, c'est passionnant. Chez nous, chaque huître est unique. On dit qu'elle concentre dans sa chair l'activité humaine de la terre. En fait, nous avons tous l'impression qu'il s'agit d'un produit fini alors qu'elle ne l'est que si on s'est montré vertueux en amont. La grande leçon de la nature et de l'environnement qui m'entoure, c'est que le milieu marin et ses fruits qu'on récolte dépendent vraiment de l'activité humaine à terre. Afin de les préserver, nous travaillons de manière artisanale : l'idée, c'est de ne pas impacter plus fortement le milieu pour une espèce qui n'était pas là à l'origine, de trouver un équilibre permettant à chacun d'avoir de quoi se nourrir.

« Tout est extrêmement aléatoire »

Travailler l'huître, cela nécessite beaucoup d'humilité. Nous sommes dépendants en permanence d'un nombre incalculable d'éléments extérieurs qu'on ne maîtrise pas : la météo, la pluie, le vent, les marées, la quantité de plancton, le phytoplancton, l'anoxie de l'eau (le manque d'oxygène dans l'eau)... Chaque matin, on se réveille avec un programme précis de tâches à faire. Mais en ouvrant la fenêtre, tout est bousculé parce que la météo ne permet pas de faire ce qu'on a prévu, parce que le vent a tourné, parce que la marée ne descend pas, parce que c'est trop dangereux, parce qu'il y a une alerte pollution… Tout est extrêmement aléatoire.

Être ostréiculteur, c'est un métier d'adaptation. Certes, on doit faire face au froid, à l'humidité mais le plus difficile à gérer, c'est la charge mentale que les éléments extérieurs nous imposent et qu'on ne peut pas contrôler. En revanche, l'un des plaisirs majeurs, ce sont les marées. On accompagne la mer quand elle descend, elle laisse découvrir l'estran, les tables avec les poches et les huîtres. Le bonheur est ici, les pieds sur terre, au cœur d'un environnement magnifique, avec le bruit de l'eau et celui des huîtres qui s'entrechoquent dans la poche. Certains sons nous sont familiers, une petite musique qui donne des indications sur la santé et la forme de l'huître.

« Une certaine idée de l'effort »

Le travail est très physique, on sait à quoi sert chaque partie du corps, chaque muscle pour mettre les huîtres dans les meilleures conditions afin qu'elles se développent. Notre cotte (salopette intégrale) est lourde, peu souple, inconfortable. Chaque mouvement dans l'eau est difficile, l'eau nous entoure, nous compresse. Il n'y a aucun centimètre carré qui ne soit pas sollicité par le milieu marin. Lorsqu'on doit tirer ou soulever le chaland, l'eau s'infiltre dans les manches et malgré toutes les précautions, tu es mouillé de l'intérieur. Quand il y a du vent, il faut s'employer pour venir à bout de la moindre mission : on a l'impression d'être des ancres flottantes, sans savoir vraiment si on va tenir. Ce n'est pas de la souffrance – on sollicite seulement des muscles qui sont peu utilisés dans le quotidien – mais une certaine idée de l'effort. Cela ressemble à une balade sur la côte quand le vent est fort. On lève les bras au ciel, on se dit qu'on est le roi du monde puis on s'en prend plein la gueule… Ça nettoie, ça fait du bien et ça remet les idées en place !

Ce que je préfère, ce sont les marées du soir, celles qu'on appelle les "marées d'amoureux". La nuit tombe et nous devons relever les huîtres. Avec la bioluminescence du phytoplancton, les poches posées sur le chaland semblent chargées de milliers d'étoiles. Il y a des étoiles dans le ciel et dans l'eau, c'est juste magique. Les marées, ça reconnecte avec le métier, ça décharge la tête, ça fait du bien. Le plaisir, c'est aussi quand l'huître arrive sur le tapis et qu'on voit sa forme, son poids, sa chair… C'est vraiment un beau caillou. Elles sont un concentré du milieu

Le « gamen », le parc à huîtres où travaille Tiffen Yvon au quotidien

dans lequel elles grandissent. Au printemps, l'eau se réchauffe, le soleil fait son apparition. Cela contribue à développer la photosynthèse et le phytoplancton. Les huîtres vont s'en nourrir et vont grandir beaucoup plus vite parce qu'elles vont être gorgées. Elles vont exploser de joie de pouvoir manger tout ça et nous, on va retrouver ça en bouche.

EN BREF

Née le 5 avril 1972 à Rennes

1995 : Étudiante à l'université de Bretagne-Occidentale à Brest

2010-2011 : Correspondante au journal *Ouest-France*

2012 : Débuts comme ostréicultrice

Avant de travailler ici et jusqu'à mes 38 ans, je n'en avais jamais mangé. La première fois, c'était incroyable, comme un concentré de nature. J'avais l'impression de découvrir nombre de saveurs que je ne connaissais pas. Depuis, j'apprécie beaucoup les huîtres du printemps, pas encore laiteuses et surtout pleines de forces au début de la période de reproduction. Celles de l'hiver sont grosses, belles mais moins riches en goût. Elles permettent de prendre une claque d'iode, ce qui n'est pas négligeable en plein hiver. Et au printemps, c'est une claque de saveurs ! »

« La mer m'est une frontière avec l'horizon »

« Mer, montagne ou forêt, j'ai besoin de vivre dans un environnement qui me domine, de côtoyer un relief ou une aspérité. » Jean-Marie Loison-Mochon a été élevé entre Chartreuse et Vercors, des massifs qu'il a quittés pour le Finistère à l'âge de 20 ans, rejoignant ainsi le territoire d'où est originaire son père, à l'extrémité de la carte. Avec la course à pied et au gré des rencontres, l'auteur a façonné sa connaissance des côtes bretonnes, y trouvant un rythme entre vitesse et méditation en vue de l'écriture. Car Jean-Marie écrit, beaucoup. Articles, nouvelles, poésie, des histoires de bateaux, de femmes et d'hommes de mer, de passionnés. De cet océan jamais loin il aime « la sensation d'être à la fois isolé tout en étant confronté à une immensité. Approcher l'océan, c'est comme s'apprêter à plonger en soi-même ». Au fil des dernières années, « il s'est tissé un lien en moi entre la mer, le crépuscule et le cycle de vie que je suis en train de retracer dans un roman ». Ses poèmes détonnent avec sa façon de rebondir sur les mots comme on passe de vagues en vagues. Et cette impression tenace qu'il faut s'adapter, douter, s'éprouver car les certitudes n'existent pas, en matière d'inspiration comme d'exploration. Jean-Marie a une formule pour cela : « avec la mer pour frontière, je crois que la poésie est l'immense précision d'un grand flou ». Illustration avec ce poème inédit.

Les soirs, souvent je suis parti
A la recherche de pensées, en chasse du crépuscule

Mémoire, mémoire : revenir à la mer
Et courir les crépuscules, d'où l'avenir émet
Revenir les soirs, m'ouvrir à l'émotion

Mes mots sont de sable et de sel et de récifs

Est-ce une ombre qui s'y dessine, immense ou infinie ?
Sous des cimes de nuages, flou intense, indéfini
Tout m'est sinueux comme un sentier, de côte

Un flou si brumeux, intense et indéfini
N'est-ce pas la poésie ? La fougue insensée des mots
En pensées, le sens est-il plus beau que l'inconscient ?

Filer au soir en bord de mer, étaler ma caresse
Refrain d'un : revenir à la mer
On la dirait immense et infinie
N'est-ce pas intense, indéfinie ?
Tout comme la poésie
Il y a dans ces soirs, à errer de long en large
Engagé dans de la débauche, d'énergie déposée ici
Rugissante, une rage intérieure à : m'exposer
En gageant d'une ébauche, de pensées salines

Au bord de l'eau ou des falaises, la mer s'allie
Voire m'est braise ou accords, donnés sous ressac
Et ce jusqu'à m'en désarticuler, sali de sueur et de terre
C'est un court accord, d'influx coordonnés

La mer hulule la nuit déjà, sous des lueurs éphémères

Happé par le crépuscule ou la fuite de mes pas
Ou la suite de ces passages répétés sous de mes efforts
Redites jamais redondantes, au long de la mer je m'efforce
Inlassablement, sur des pentes qui effacent mon influx
Zélé de rien que du désir d'aller, comme d'un feu qui brûle
Oui je mets ces forces comme pour fuguer loin en mer
Naissant, mourant comme des phases, vers cette ligne fugace en moi

Remerciements

À la mémoire de Françoise et Philippe Labérou

À l'enthousiasme de Bertrand Pirel

Aux encouragements de toujours de Léo Grenapin et Delphine Gallais

À la confiance et aux confidences de tous les interviewés

Au soutien précieux d'Isabelle Le Callennec, Charlène Salmon,
Mathilde Mermoz, Charline Hamonic, Aurélie De Paula,
Emmanuel Versace, Jean-Michel Nizet, Tanguy Blondel, Geoffrey Vassallucci,
Grégoire Cheron, Erwan Akadiri, Stanislas Grenapin, Esteban Ruiz, Rémi Pépin
et tous ceux qui ont rendu possible cette aventure